Jannan · Gewaltprävention an Schulen

Für Dagmar,

Felix und Jasmin

Mustafa Jannan

Gewaltprävention an Schulen

Planen – umsetzen – verankern

BELTZ

Mustafa Jannan ist Mitarbeiter im Regionalen Bildungsbüro Olpe und ehemaliger Gymnasiallehrer. Weiterbildungen zum Beratungslehrer, Jungenarbeiter und in der Konstruktiven Konfliktbearbeitung. Vor Schulen, Lehrergruppen und Bildungsverbänden referiert er zu den Themen »Gewaltprävention und -intervention«, »Jungenarbeit« und »Gesprächsführung in Beratungs- und Konfliktsituationen«.

Lektorat: Jürgen Hahnemann

www.beltz.de
Herstellung: Lore Amann
Illustrationen: Jasmin Jannan
Satz: Markus Schmitz, Büro für typographische Dienstleistungen, Altenberge
Druck: Beltz Druckpartner GmbH & Co. KG, Hemsbach
Umschlaggestaltung: glas ag, Seeheim-Jugenheim
Umschlagabbildung: © panthermedia.net, Steffen Fucke
Printed in Germany

ISBN 978-3-407-62800-8

Inhaltsverzeichnis

Vorwort

In den Jahren nach der Veröffentlichung meines »Anti-Mobbing-Buches«[1] bin ich von über 70 Schulen und Einrichtungen als Referent zum Thema Mobbing eingeladen worden. Nach einiger Zeit verschob sich dabei der inhaltliche Schwerpunkt meiner Vorträge immer mehr. Während am Anfang – sicherlich bedingt durch meine damalige schulische Beratungstätigkeit – die **Intervention** im Vordergrund stand, wurde im Laufe der Zeit immer deutlicher, dass dieser Ansatz zwar sinnvoll ist, aber nur unzureichend für Nachhaltigkeit sorgt. Dies kann nur **Prävention** leisten.

Das Ergebnis meiner Überlegungen zu diesem Themenbereich ist das vorliegende Buch. Von Anfang an standen dabei nicht bestimmte Programme im Vordergrund, sondern ein **strukturierter Ablauf**, der es einer Schule ermöglichen soll, aus eigener Kraft in die Präventionsarbeit einzusteigen. Ich habe die Erfahrung gemacht, dass dieser Ansatz rasch und effektiv im Schulalltag umgesetzt werden kann.

Diese Handreichung richtet sich vor allem an Schulleiter/innen[2], Schulleitungsteams, Fortbildungskoordinatoren, Schulträger und alle Personen, die **Entscheidungsträger** für Schulen oder andere Bildungsinstitutionen sind. Denn nur dieser Personenkreis ist durch seine Position in der Lage, Gewaltprävention nachhaltig in der Agenda einer Schule zu verankern. Dies möchte ich auch deshalb betonen, weil sich vielleicht manche Lehrkräfte fragen, warum ich ein zweites Buch zum Thema verfasst habe: Dies hängt mit den besonderen Inhalten und der dadurch spezifischen Leserschaft zusammen.

Ich habe bewusst darauf verzichtet, ein konkretes Präventionsprogramm zu favorisieren. Jede Schule und jede Schulform ist anders und setzt daher zwangsläufig andere Schwerpunkte im Bereich der Gewaltprävention. Um jedoch für die Auswahl aus der Vielzahl der Programme eine kleine Hilfestellung zu geben, habe ich die wichtigsten Kriterien für

1 Mustafa Jannan: Das Anti-Mobbing-Buch. Gewalt an der Schule – vorbeugen, erkennen, handeln (vgl. S. 140); 1. Auflage erschienen im Februar 2008.

2 Aus Gründen der besseren Lesbarkeit verwendet dieses Buch an manchen Stellen nur die männliche Sprachform. Natürlich sind auch an diesen Stellen immer beide Geschlechter gemeint.

gute Konzepte sowie eine kurze Übersicht über die **Präventionsprogramme** im deutschsprachigen Raum zusammengestellt.

Abschließend möchte ich darauf hinweisen, dass ich Ergänzungsvorschläge jederzeit gerne entgegennehme. Denn als Referent zu arbeiten hat mich eines gelehrt: Es gibt nie eine endgültige Antwort für den Bereich der Gewaltprävention.

Ich hoffe und wünsche mir, dass es mit den hier aufgezeigten Hilfen möglichst vielen Schulen gelingt, ihre gewaltpräventive Arbeit zu beginnen oder weiter auszubauen.

Mustafa Jannan

1. Einführung

1.1 Warum schulische Prävention nicht einfach ist – und sich trotzdem lohnt

Zu Beginn dieses Buches möchte ich die provokante Frage stellen, warum nicht alle (vor allem weiterführende) Schulen das Thema Gewaltprävention konsequent umsetzen. Die folgende Aufzählung nennt einige Gründe aus meiner ganz persönlichen Sicht und meine Überlegungen hierzu.

Weil Gewaltprävention als zu arbeitsaufwendig erscheint
Wie viel Arbeit Gewaltprävention tatsächlich bedeutet, liegt an der Art und Weise der Vorbereitung. Bei vernünftigem und strukturiertem Vorgehen sind die erforderlichen Arbeiten überschaubar und im schulischen Alltag mit Sicherheit leistbar. Zudem sei daran erinnert, dass jegliche Anstrengung in diesem Bereich zu einer nachhaltigen Verbesserung im Schulklima führen wird (Jannan 2010a, S. 47).

Weil zu wenige Mitglieder im Kollegium an den Erfolg der Maßnahmen glauben oder weil sich Erfolge nicht schnell genug einstellen
Präventionsarbeit auf Schulebene ist Leitungsaufgabe und Leitungsverantwortung. Im ungünstigsten Fall muss die Schulleitung auch gegen den Willen bestimmter Lehrkräfte das Thema angehen. Die Befindlichkeiten Einzelner müssen in diesem Fall hinter den Bedürfnissen der Kinder und Jugendlichen zurückstehen. Präventive Arbeit wird sich spätestens dann als erfolgreicher Selbstläufer etablieren, wenn sich das Klima an der Schule spürbar verbessert hat. Erfolge der Präventionsarbeit sind naturgemäß nur nach längerer Zeit erkennbar und nicht immer offensichtlich (Schick 2010, S. 7).

Weil man der Meinung ist, dass Gewalt an der eigenen Schule ein zu vernachlässigendes Problem ist
Diese Argumentation führt nur dazu, eine mit Sicherheit bestehende Handlungsverpflichtung aufzuschieben. In Zeiten zunehmender elterlicher Erziehungsmüdigkeit und eines dramatischen demografischen Wandels ist es nur eine Frage der Zeit, bis auch die »heile Welt« einiger

ländlicher Gebiete mit diesem Thema konfrontiert wird. Jeder Schulstandort wird in den nächsten Jahren von den gesellschaftlichen Veränderungen erreicht werden. Spätestens dann muss man in sehr kurzer Zeit diejenige Arbeit nachholen, die man im Vorfeld versäumt hat zu leisten.

Weil man befürchtet, die Schule in der öffentlichen Wahrnehmung zu stigmatisieren
Diese Befürchtung ist in Zeiten intensiver Medienberichterstattung sicherlich nachvollziehbar. Doch auch hier stellt sich die Frage, welche Priorität eine so argumentierende Schule setzt: Steht der äußere Schein im Vordergrund oder der Schutz von Gewaltopfern? Zudem kann man heutzutage sicher sein, dass ein professioneller Umgang mit der Thematik die Eltern eher überzeugen als abstoßen wird. Entscheidend ist hierbei sicherlich auch, wie eine Schule dieses Handlungsfeld angeht. Zeigt sie die erwähnte Professionalität, ist das ein »Zeichen von Offenheit und Engagement« (Schäfer 2010, S. 24), das schlussendlich sozialräumlich wahrgenommen und zu mehr Vertrauen in der Elternschaft führen wird.

Weil es kein einfaches »Rezept« als Lösung für die Gewaltproblematik an der eigenen Schule gibt oder solche Rezepte nicht gelingen
Gewalt hat vielfältige Ursachen, auf eine Universallösung zu hoffen, macht also keinen Sinn. Schule muss Gewaltprävention passend zum eigenen Standort umsetzen und zudem genau wissen, wo die Grenzen liegen. Die Ursachen kann die Schule nicht bekämpfen, wohl aber die unerwünschte Art und Weise, wie man miteinander umgeht. Dafür gibt es keine Rezepte, aber viele gelungene Beispiele. Wenn Schule sich mit Rezepten abspeisen lässt, wird sie zwangsläufig keinen Erfolg haben.

Weil es bereits so viele andere, wichtigere Themen im System Schule gibt
»Jetzt müssen wir uns auch noch *darum* kümmern!« – dies ist ein Aufschrei, den ich bei praktisch jeder Fortbildung zu hören bekomme. Betrachtet man die zum Teil dramatischen und bildungspolitisch leider häufig zu wenig vorbereiteten Umwälzungen in der deutschen Schullandschaft, so ist der Druck, der auf Schulen lastet, nachvollziehbar. Andererseits kann ich nur wiederholen: Die Arbeitsbelastung ist von der strukturierten Vorbereitung abhängig und stellt eine gesunde und nachhaltige Investition in die Zukunft dar. Mit dem vorliegenden Konzept wird es Ihnen gelingen, das Thema auch ohne unnötige Belastung des Kollegiums anzugehen. Zudem haben meine Erfahrungen gezeigt, dass

viele Schulen bereits gute Ansätze besitzen und es oft nur an einer Vernetzung der Aktivitäten und deren Ausbau fehlt.

In Prävention zu investieren bedeutet, den Erziehungsauftrag der Schule zu stärken – eine Aufgabe, die im demografischen Wandel zunehmend an Bedeutung gewinnt. Eine Schule, die darauf beharrt, dass Kinder mit einem bestimmten Repertoire an Fertigkeiten und Verhaltensweisen bei ihr ankommen sollen, ist nicht mehr zeitgemäß. Dass die veränderte Schülerschaft und das System Schule offensichtlich immer weniger kompatibel sind, zeigt zum Beispiel die deutlich gestiegene Zahl an Jugendlichen, die eine Klasse wiederholen müssen.[3]

Persönlich bin ich der Meinung, dass fast jede Form von Prävention zu einem besseren Miteinander aller an Schule beteiligten Personen führen kann (siehe auch Schick 2010, S. 98). Entscheidend ist, wie gewissenhaft Lehr- und Fachkräfte ihr Ziel verfolgen und wie sie diese Einstellung den Schüler/innen gegenüber leben.

> Präventionsarbeit ist immer auch Ausdruck einer **Haltung** und damit nicht zwangsläufig von Methoden abhängig.

Ein durch eine klare Haltung und entsprechende Maßnahmen verbessertes Schulklima macht auch das Unterrichten einfacher und effektiver. Die guten persönlichen Beziehungen zwischen Lehrkräften und Schüler/innen sowie das allgemein bessere soziale Klima erhöhen automatisch die Lernmotivation (Bannenberg/Rössner 2006, S. 109 und S. 111). Prävention bedeutet bildlich gesprochen, Geld zu investieren, um es in späteren Jahren mit Zinsen zurückzuerhalten. Schule verhindert mit guter Präventionsarbeit also nicht nur unerwünschtes, sondern fördert auch erwünschtes Verhalten. Dies gilt übrigens auch in finanzieller Sicht: Prävention ist langfristig gesehen kostengünstiger als der Einsatz von Interventionsmaßnahmen (Schick 2010, S. 10).

Dass Kinder und Jugendliche immer wieder klare Grenzen suchen, dürfte jeder Pädagogin und jedem Pädagogen bekannt sein. Wer diese Grenzen nicht eindeutig und mit der erforderlichen inneren Haltung setzt, wird nicht selten Probleme mit »schwierigen« Schülern haben: »Das Verhalten des Lehrers entscheidet […], welche Grenzen nicht verhandelbar sind« (Schäfer 2010, S. 62).

Welche große Bedeutung dabei der Beziehungsaspekt hat, beschreibe ich genauer auf S. 25. 25

3 Laut der Shell-Studie »Jugend 2010« ist die Zahl der Wiederholer (12–21 Jahre) von 2002 bis 2010 von 15 Prozent auf 19 Prozent gestiegen (Shell Deutschland Holding 2010, S. 79).

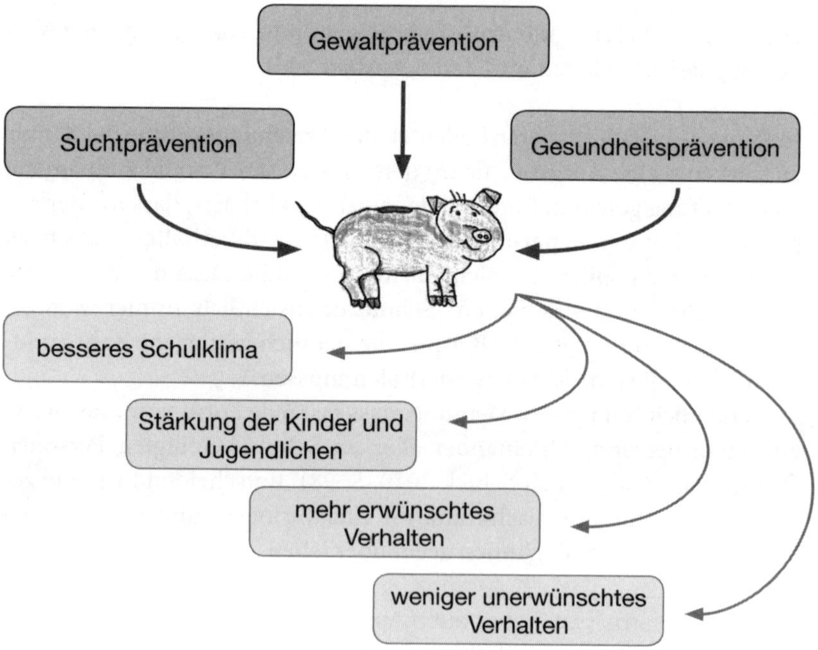

Abb. 1: Gute Präventionsarbeit macht sich immer bezahlt

1.2 Zum Konzept dieses Buches

Wie ich bereits im Vorwort erläutert habe, richtet sich dieses Buch vor allem an Personen, die Entscheidungsträger im Kontext Schule sind. Nur diese Personen können aufgrund ihrer fachlichen oder institutionellen Legitimation Prävention an Schulen mit der erforderlichen Nachhaltigkeit auf den Weg bringen. Nur sie sind zudem in der Lage, das Gesamtsystem zu überschauen und die Präventionsarbeit im Rahmen der bildungspolitischen Anforderungen einzuordnen.

! Das vorliegende Buch liefert bewusst *keine* Beschreibung einer einzelnen Präventionsmethode. Solche Programme gibt es mittlerweile in unüberschaubarer Vielzahl, ohne dass viele von ihnen flächendeckend zum Einsatz gekommen wären. Ich möchte hier vielmehr einen Weg aufzeigen, wie Schulen das komplexe Thema Gewaltprävention aus eigener Kraft erfolgreich und nachhaltig angehen können. Im Vordergrund steht nicht ein bestimmtes Programm, sondern eine Anleitung zur Planung und Durchführung der entscheidenden Arbeitsschritte.

Jede Schule kann dann im Laufe des Umsetzungsprozesses die Entscheidung treffen, eines der evaluierten Präventionsprogramme in das eigene, bereits bestehende Konzept zu übernehmen. Ausschlaggebend für eine solche Entscheidung sowie den Erfolg der Umsetzung ist dabei sicherlich die enge Anbindung an bereits bestehende Strukturen innerhalb der jeweiligen Schule (z. B. Streitschlichtung, Täter-Opfer-Ausgleich, Trainingsraum). Meine Handreichung setzt damit zeitlich gesehen *vor* einer konkreten Maßnahme ein und stellt einen Prozessbaustein dar, der so in den gängigen Programmen nicht vorgesehen ist.

Das Konzept ist seit einigen Jahren in der Praxis erprobt und am schulischen Alltag orientiert. Wie schon in meinem »Anti-Mobbing-Buch« (Jannan 2010a) habe ich versucht, die vielfältigen Belastungen der Kollegien im Auge zu behalten. Was hier von der einzelnen Lehrkraft an Einsatz abverlangt wird, sollte im schulischen Kontext machbar sein. All diejenigen Schulen, die mein Konzept erfolgreich umgesetzt haben und immer noch damit arbeiten, sind der Beweis für diese Einschätzung.[4]

Für eine erste inhaltliche Orientierung beschreibe ich im Folgenden kurz die Inhalte der Buchkapitel:

- In **Kapitel 2** erläutere ich, was aus meiner Sicht die wichtigsten Merkmale von Intervention sind und welche Bedeutung diese für den Arbeitsprozess an Schulen haben.
- In **Kapitel 3** beschreibe ich die Grundlagen und Merkmale effektiver Prävention, aber auch die Gründe, warum sie häufig an Schulen nicht gelingt. Zudem werden aus fachlicher Sicht Unterstützungsangebote der Jugendhilfe und der Schulpsychologie dargestellt.
- In **Kapitel 4** erläutere ich, wie Gewaltprävention auf allen schulischen Ebenen installiert werden kann und aus welchen Bausteinen sie sich zusammensetzt.
- In **Kapitel 5** beschreibe ich detailliert die Arbeitsaufträge für alle Beteiligten am schulischen Präventionsprozess.
- In **Kapitel 6** gebe ich eine tabellarische Übersicht über die Präventionsmethoden in Deutschland.
- Im **Anhang** finden Sie alle erforderlichen Materialien, um das Konzept umzusetzen, sowie weiterführende Links für die schulpraktische Arbeit. Sämtliche Materialien stehen auch als kostenloser Download unter www.beltz.de zur Verfügung (siehe Hinweis auf S. 106). 106

4 Eine Evaluation über den Erfolg des Konzeptes ist derzeit in Arbeit.

Wenn Sie viele kompetente und engagierte Lehrkräfte im Kollegium haben, werden Sie Gewaltprävention tatsächlich allein planen und umsetzen können. Dies ist aber nicht der Regelfall. Erfahrungsgemäß gestaltet sich gewaltpräventive Arbeit für Schulen deutlich einfacher, wenn sie professionelle Hilfen erhalten. Das Einholen externer Unterstützung ist ein wichtiger Aspekt auch aus systemischer Sicht. Wo Sie solche Hilfen erhalten können, beschreibe ich auf S. 48 und 63.

48
63

Im Laufe meiner Beratungstätigkeit in und für Schulen bin ich mit vielen Gewaltformen konfrontiert worden. Für das Gelingen von Gewaltprävention stellt die Arbeit gegen Mobbing jedoch immer einen entscheidenden Baustein dar. Dafür gibt es drei wesentliche Argumente:

1. Mobbing ist mit Abstand die häufigste Gewaltform an allen deutschen Schulen.
2. Wer gegen Mobbing vorgeht, vermindert zwangsläufig die anderen Gewaltformen.
3. Gegen die äußerst seltenen Gewaltformen (z. B. Waffeneinsatz, Erpressung) vorzubeugen ist extrem ressourcenverbrauchend und erfordert hohe Kompetenzen aller Beteiligten. Auch wenn diese Gewaltformen in ihren Auswirkungen besonders gravierend sind, investiert Schule ihre Energien am falschen Ort, wenn sie dies als Hauptziel betrachtet.

Gewaltprävention ist zuallererst **Anti-Mobbing-Arbeit.**

Gewaltprävention in diesem Kontext umfasst auch die sozialen Trainings, schließlich führen sie direkt zu einem besseren Umgang im täglichen Miteinander und als Folge indirekt zu einem verminderten Mobbing-Risiko.

1.3 Prävention und Intervention

Im schulischen Alltag werden die Begriffe »Prävention« und »Intervention« häufig synonym gebraucht. Das macht insofern Sinn, als Prävention durchaus eine Intervention sein kann, wenn zum Beispiel konkrete Probleme der Anlass für vorbeugende Maßnahmen sind. Für die Umsetzung meines Konzeptes hat es sich bewährt, die beiden Handlungsfelder schärfer voneinander zu trennen, sodass zum Beispiel Verantwortlichkeiten und Arbeitsaufträge passgenauer zugeordnet werden können.

Eine schlüssige und allgemeinverständliche Definition der vor allem in der sozialpädagogischen Arbeit verwendeten drei Ebenen der Prävention liefert Frank J. Robertz (Robertz/Wickenhäuser 2010):

- **Primäre Gewaltprävention** wird eingesetzt aufgrund von Vorüberlegungen, wie man unerwünschte gewalttätige Verhaltensweisen verhindern kann. Es sind also im Vorfeld noch keine Schikanen, die Auslöser für präventive Arbeit sein könnten, beobachtet worden. Primäre Gewaltprävention stärkt allgemein die kommunikativen und sozialen Fähigkeiten von Kindern und Jugendlichen.
- **Sekundäre Gewaltprävention** wird infolge bereits bestehender oder befürchteter allgemeiner Auffälligkeiten angewandt. Sie soll bewirken, dass eventuell bereits vorhandene gewalthaltige Einstellungen oder problematische Verhaltensweisen wieder rückgängig gemacht werden. So kann zum Beispiel eine Klasse mit hohem Gewaltpotenzial an einem erlebnispädagogischen Programm teilnehmen, um das Miteinander zu fördern.
- **Tertiäre Gewaltprävention** schließlich soll gezielt bei gewalttätigen Vorfällen eingesetzt werden, um weitere Vorfälle oder eine Eskalation zu verhindern. Tertiärprävention ist zum Beispiel bei einem Mobbing-Fall die **Intervention** (verändert nach Robertz/Wickenhäuser 2010, S. 133).

Hier wird erkennbar, dass eine solche Einteilung zwar gut nachvollziehbar, aber für die Arbeit in der schulischen Praxis nicht zwingend erforderlich ist. Meist ist ein Konglomerat verschiedenster Anlässe mit Gewaltinhalt Ursache dafür, dass Lehrkräfte, Eltern oder auch Schüler/innen sich Gedanken über Prävention oder Intervention machen. Zum Teil spielen aber auch durch Medienberichte bedingte Ängste eine Rolle.

Aus meiner Sicht ist es sinnvoller, Primär- und Sekundärprävention an Schulen zusammenzufassen und von der Intervention zu trennen. In den folgenden beiden Kapiteln erläutere ich die Grundlagen für Intervention und Prävention nach dieser Definition.

2. Schulische Intervention

2.1 Grundlagen

Als **Intervention** verstehe ich die personenbezogene Reaktion auf einen Gewaltfall in der Schule, die zu einer **zeitnahen Lösung** des Problems führt.

Bei der Intervention müssen sich die eingesetzten Handlungskonzepte immer nach der jeweils vorliegenden Gewaltform richten. Die folgende Übersicht zeigt hierzu einige Beispiele.

Gewaltform	Handlungskonzept
Mobbing	Es kommen bewährte Methoden zum Einsatz wie z. B. der No-Blame-Approach oder die von mir entwickelte Kurzzeitintervention nach dem Gegen-Gewalt-Konzept (Jannan 2010a).
Konflikt zwischen zwei Schüler/innen	Das Streitschlichterprogramm oder andere Moderationskonzepte finden Verwendung.
schwerwiegendere Fälle wie z. B. Erpressung oder Körperverletzung	Für den Einzelfall muss geprüft werden, inwieweit polizeiliche Hilfe erforderlich ist und/oder strafrechtliche Schritte eingeleitet werden müssen.

Tab. 1: Gewaltform und Handlungskonzept müssen zueinander passen

An diesen Beispielen lässt sich auch erkennen, dass die Verantwortlichkeiten für die jeweils eingesetzte Maßnahme klar vorgegeben sind:

- Verantwortlich für die Umsetzung einer Mobbing-Intervention sind zwangsläufig immer die **Lehrkräfte** an der Schule oder – wo vorhanden – Schulsozialarbeiter.
- **Schüler/innen** sollten soweit als möglich in die Lösung eines Problems mit eingebunden werden, zum Beispiel als Streitschlichter oder Unterstützer. Dieses Vorgehen hat dann bereits präventiven Charakter in Hinblick auf zukünftige Gewaltfälle. Zudem erhöht die

Mitarbeit von Schüler/innen die Wirksamkeit der Intervention bei Mobbing (Michaelsen-Gärtner/Witterlede 2009, S. 140). Aber auch hier kann die sinnvolle Einbindung nur nach Anleitung oder Ausbildung der Schüler durch Lehr- oder Fachkräfte erfolgen.

- Zwangsläufig sind in der Intervention aufgrund der räumlichen Trennung von privatem und schulischem Bereich nur in seltenen Fällen die **Eltern** aktiv beteiligt. Ein schulisches Gewaltopfer kann nur innerhalb der Schule geschützt werden. Hier sind die Erziehungsberechtigten folglich in hohem Maße auf die Professionalität der intervenierenden Lehrkräfte angewiesen. Die Beteiligung der Eltern macht vor allem im präventiven Bereich Sinn, wo sie sich mit ihrem Engagement oder auch mit ihrer Professionalität in entsprechende Arbeitsgruppen einbringen können (siehe S. 44).
- Liegen schulrechtliche Problemfälle vor, ist die **Schulleitung** oder sogar die Schulaufsicht gefordert. Die Schulleitung ist jedoch auch gefragt, wenn Mobbing in besonders schweren Fällen vorliegt oder der Konflikt zwischen Elternparteien moderiert werden muss. Wie aus Abbildung 2 ersichtlich, sind Schulleitung und Lehrkräfte diejenigen Personenkreise, die bei schulischer Gewalt am häufigsten in der Verantwortung sind.

44

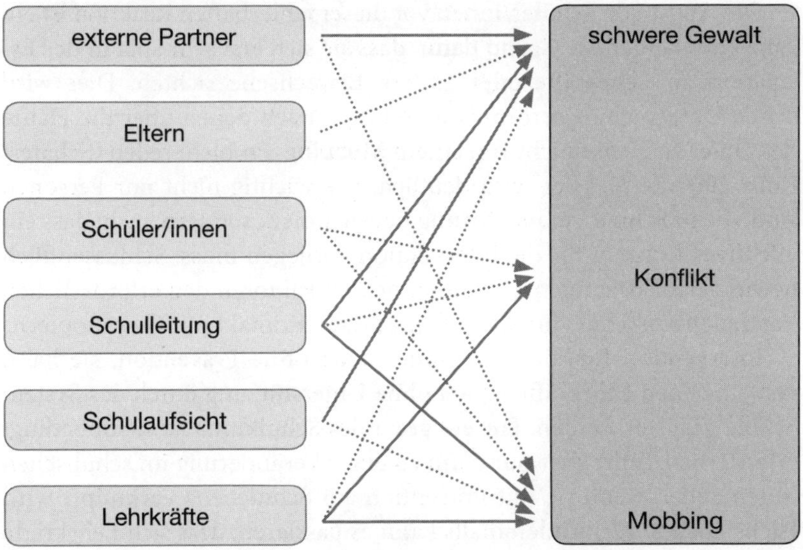

Abb. 2: Verantwortlichkeiten in der Gewaltintervention (durchgezogene Linien bedeuten im Gegensatz zu gestrichelten Linien eindeutige Verantwortlichkeiten)

- In den seltenen strafrechtlichen Fällen können oder müssen **externe Partner** (z. B. Polizei, öffentliche Jugendhilfe) zur Unterstützung hinzugezogen werden.

Für eine erfolgreiche Intervention ist das Engagement der Lehrkräfte an einer Schule der entscheidende Faktor. Ihre **Aufgaben** sind dabei vielfältig:

- Sie koordinieren und organisieren ein Interventionskonzept.
- Sie führen eine Mediation bei einem Konflikt durch.
- Sie intervenieren indirekt, zum Beispiel durch die Ausbildung von Schüler/innen als Streitschlichter.
- Sie leiten Schüler/innen in der Lösung von Problemfällen an.
- Sie nehmen Kontakt mit den Eltern auf.
- Sie nehmen Kontakt mit anderen Lehrkräften oder der Schulleitung auf.
- Sie nehmen Kontakt mit externen Beratungsstellen auf.

Für diese Aufgaben sollten Lehrkräfte **ausgebildet** sein. Dies ist leider nicht immer der Fall, was zu Reaktionen führen kann, die keine Lösung des Gewaltproblems bewirken, ja es womöglich weiter eskalieren lassen.

Die **Angst** von Schüler/innen vor dieser fehlerhaften Reaktion ist ein ganz entscheidender Grund dafür, dass sie sich erst sehr spät in der Eskalation an Lehrkräfte oder andere Erwachsene richten. Dies wird durch Untersuchungsergebnisse bestätigt, nach denen über die Hälfte der Opfer zu Hause nicht von einem Mobbing-Problem reden (Schäfer/Kulis 2000, S. 1). Hier wird deutlich, wie wichtig nicht nur Personen sind, die in Schule Verantwortung übernehmen, sondern auch, dass ein effektives Konzept für die Intervention vorliegen muss. Schlussendlich bewirkt das Zusammenspiel dieser beiden Faktoren den erforderlichen Vertrauensvorschuss für einen frühzeitigen Kontakt mit Gewaltopfern.

Intervention funktioniert immer auch ohne Prävention, sie kann von einzelnen Lehrkräften auch ohne Unterstützung durch das System Schule geleistet werden. Für ein gesundes Schulklima ist sie unbedingt erforderlich, führt aber nur dann zu einer Veränderung im schulischen Miteinander, wenn sie mit Prävention auf Schulebene **verknüpft** wird 22 (siehe auch S. 22). Anderenfalls kann es passieren, dass sich Lehrkräfte über Jahre hinweg in diesem Arbeitsbereich aufreiben. Spricht es sich beispielsweise an einer Schule herum, dass sich eine Lehrkraft erfolgreich um Problemfälle der Schüler/innen kümmert, werden sich immer mehr Schüler/innen an diese Lehrkraft wenden. Aber auch Kolleginnen und Kollegen werden (bequemerweise oder aus Gründen fehlender eigener Kompetenzen) zunehmend dazu übergehen, Problemfälle an diese Person weiterzuleiten. Zieht sich die Lehrkraft aufgrund der dann nicht mehr zumutbaren Belastung aus der Interventionsarbeit zurück, entsteht häufig ein **Handlungsvakuum**, das in Folge zu einer deutlichen Zunahme von ungelösten Beratungsfällen führt.

Die geschilderte Problematik trifft auch für solche Fälle zu, in denen nicht eine Lehrkraft, sondern zum Beispiel ein Schulsozialarbeiter für den Themenbereich der Intervention verantwortlich ist.

Die zwangsläufige Anbindung an eine einzige Person macht das Interventionskonzept schlussendlich von dieser abhängig. Arbeiten jedoch mehrere Personen im schulischen Alltag zusammen, ist der Ausfall oder Weggang eines Einzelnen leichter zu kompensieren. Aus diesen Gründen lege ich großen Wert darauf, dass Intervention an Schulen nie von einer einzigen Lehrkraft geleistet wird, sondern immer von einem **Team**. Dieser Grundsatz der Interventionsarbeit ist auch in meinem Präventionskonzept wiederzufinden (siehe S. 56 f.). Ausnahmen stellen dabei natürlich kleine Kollegien dar, wie beispielsweise in Primarschulen.

56 f.

2.2 Merkmale guter Intervention

Erfolgreiche Intervention benötigt einen konkreten **Handlungsplan**. Bei Mobbing-Fällen oder kurzzeitigen Konflikten ist dies relativ einfach, da es mittlerweile viele effektive Programme dafür gibt. Für schwerwiegendere Gewaltformen muss sich die Schule bereits vorab Gedanken darüber machen, welche Maßnahme für welchen Problemfall eingesetzt werden soll, damit sie nicht »auf dem falschen Fuß erwischt« wird und womöglich so reagiert, dass es zu einer Eskalation kommt.

Viele Bundesländer unterstützen mittlerweile die Bildung von **Kriseninterventionsteams** an Schulen. In diesen Teams wären idealerweise die Personen verortet, in deren Verantwortlichkeit die Umsetzung der Maßnahmen bei einem konkreten Gewaltfall liegt – und hierzu zähle ich ausdrücklich auch Mobbing. Solche Teams können nur effektiv arbeiten, wenn sie eine Grundausbildung für passgenaue Reaktionen im Krisenfall erhalten haben und wenn der oben beschriebene Katalog von möglichen Reaktionen auf unterschiedliche Problemlagen bereits vorab erstellt worden ist. In Nordrhein-Westfalen wird eine solche Schulung zum Teil durch die Schulpsychologen geleistet.

Alle Überlegungen im Bereich der Intervention sollten schlussendlich in ein schulisches Gesamtkonzept münden, das nicht nur den Lehrkräften und gegebenenfalls den Fachkräften an Ganztagsschulen bekannt ist, sondern auch Schüler/innen und Eltern. Idealerweise sollte ein solches individuelles Konzept auf Schul- und Klassenebene umgesetzt werden. Untersuchungen haben gezeigt, dass solche **Mehrebenenkonzepte** immer wirksamer und nachhaltiger sind als Insellösungen (Karstedt 2000, S. 8). Damit wird Schüler/innen vermittelt, dass sie allein die Verantwortung für ihr Handeln tragen:

> Wenn ich die **Regeln** breche, muss ich mit entsprechenden **Folgen** rechnen.

Bei der **Auswahl des geeigneten Konzeptes** sollte jede Schule im eigenen Interesse die Umsetzbarkeit im Auge behalten. Dies trifft vor allem für die personellen und zeitlichen Ressourcen zu. Wenn sich ein Konzept als Zeitfresser herausstellt, wird es zu einer Überlastung im Kollegium führen, seine Umsetzung erfolgt dann nur noch halbherzig. Die Problemlösung wird damit zweitrangig, was schlussendlich zu Frust und Unlust bei den Lehrkräften führt. Ein Ende der Interventionsarbeit ist damit vorprogrammiert.

> Besser eine einfache Lösung, die im Schulalltag konsequent umsetzbar ist, als eine komplexe Lösung, die die Intervention scheitern lässt.

Wer über einen zu langen Zeitraum starr an einem immer gleichen Vorgehen festhält, wird sich auf neue oder ungewöhnliche Situationen nicht einstellen können. Ein aktuelles Beispiel hierfür ist das Cybermobbing oder Cyberbullying. Hier müssen viele der gängigen Methoden, die nur bei direktem Mobbing wirksam sind, zwangsläufig versagen (Pieschl/Porsch 2011).

Wenn eine Schule Intervention auf Dauer wirksam umsetzen will, muss sie auch dafür sorgen, dass ihre Konzepte regelmäßig auf ihre Wirksamkeit und Nachhaltigkeit hin **überprüft** werden. Haben sich zum Beispiel die Schüler/innen auf eine bestimmte Maßnahme eingestellt und umgehen sie sie mit einem Trick, sollte ein Kollegium spätestens dann neue Wege einschlagen. Intervention sollte daher flexibel

137

konzipiert sein. In der Literaturliste auf S. 137 sind Beispiele für sicher gelingende Interventionskonzepte zu finden.[5]

> Damit Intervention nachhaltig wird, ist auch **Kreativität** gefragt.

5 Besonders empfohlen sei das Buch von Anne Huber (2011), das einen Überblick über viele dieser Konzepte gibt.

Verbindlichkeit für alle Beteiligten

Einbindung in ein Mehrebenenkonzept

Schwerpunktsetzung auf untere Klassen

mit einfachen Maßnahmen beginnen

Ressourcen der Beteiligten beachten

Weiterentwicklung des Konzeptes einplanen

Zusammenarbeit aller Beteiligten innerhalb und außerhalb von Schule

Abb. 3: Merkmale guter Intervention

Welche Voraussetzungen für die erfolgreiche Umsetzung von Interventionskonzepten erforderlich sind, beschreibe ich genauer in meinem »Anti-Mobbing-Buch« (Jannan 2010a, S. 44 f.). Abbildung 3 fasst alle wesentlichen Aspekte noch einmal zusammen.

Wie schon im Vorwort beschrieben kann Intervention allein jedoch keine dauerhafte Lösung für den Schulbetrieb sein. Bildhaft stelle ich mir die dafür verantwortlichen Lehrkräfte als Feuerwehrleute vor, die in der Mobbing-Intervention unermüdlich Brände löschen. Was diese Personen innerhalb des Systems Schule jedoch nicht leisten können, ist ein Verhindern dieser Brände, das heißt eine nachhaltig angelegte Prävention. Die Grundlagen hierfür beschreibe ich im folgenden Kapitel.

3. Schulische Prävention

3.1 Grundlagen

Als **Prävention** verstehe ich Handlungskonzepte, die vorbeugend eingesetzt werden, um Gewalt **langfristig zu minimieren.**

Durch Prävention versucht man nach dieser Definition, mögliche Probleme in der Zukunft zu verhindern. **Präventionskonzepte** gibt es in der Zwischenzeit in einer unüberschaubaren Vielfalt. Die große Zahl an Programmen, Ansätzen und Methoden stellt Schulen vor das Problem, die jeweils passende Lösung zu finden. Nur sehr wenige der Konzepte sind wissenschaftlich **evaluiert**, was die Auswahl zusätzlich erschwert. In Kapitel 6.1 (S. 87) erläutere ich, was die Merkmale guter Präventionsprogramme sind, in Kapitel 6.2 (S. 89) stelle ich weiter verbreitete und empfehlenswerte Konzepte kurz dar.

87 89

Gute Präventionsarbeit erfordert aus meiner Sicht immer angemessene Interventionsmethoden, anderenfalls hat sie für Schüler/innen höchstens Appellcharakter. Dies ist einer der für die schulische Arbeit wesentlichen Unterschiede dieser beiden Handlungsfelder.

Intervention wirkt **auch ohne** Prävention, Prävention jedoch **nur mit** Intervention.

Während Interventionskonzepte mittlerweile immer häufiger an Schulen eingesetzt werden, findet man gelingende Prävention weniger häufig. Eine sicherlich wichtige Ursache für diese Beobachtung ist, dass Lehrkräfte ein Interventionskonzept bereits in einer eintägigen Fortbildung erlernen und in der Umsetzung rasche Erfolge verbuchen können. Prävention hingegen ist wesentlich schwieriger in Schule zu verankern, die Umsetzung ist daher nicht in jedem Fall garantiert. Einige wichtige Gründe für das Scheitern habe ich in der folgenden Übersicht zusammengefasst.

Grund	Mögliche Auswirkungen
fehlende Unterstützung durch die Schulleitung	• Das Kollegium und/oder Eltern sowie Schüler/innen werden in ihren Bedürfnissen nicht wahrgenommen. • Die gewaltpräventive Arbeit erfährt zu wenig oder keine Anerkennung. • Andere schulische Tätigkeiten haben immer wieder Vorrang.
fehlende Unterstützung durch das Kollegium	Einige wenige Lehrkräfte engagieren sich erheblich und reiben sich dabei womöglich auf.
fehlende oder zu wenig trennscharfe Formulierung von Verantwortlichkeiten	Arbeitsaufträge oder Interventionen werden nicht zu Ende geführt, weil die Lehrkräfte der Überzeugung sind, dass jeweils eine andere Lehrkraft für diesen Arbeitsbereich verantwortlich ist.
fehlende finanzielle Absicherung	Gute Konzepte werden eingestellt oder kommen nicht zustande.
Überstülpen »einsamer Entscheidungen« ohne demokratische Prozesse, womöglich auf fehlender Datengrundlage	• Vor allem Eltern und Schüler entwickeln einen Widerstand gegen solche Maßnahmen. Damit ist ihnen eine wichtige Grundlage entzogen. • Auch eine Beteiligung des Kollegiums kann erschwert werden: »Haben wir nicht schon genug zu tun?!«
unzureichende Kenntnisse über den Ist-Stand an der eigenen Schule	Maßnahmen werden fehlerhaft oder wenig passgenau geplant und »verpuffen«. Nachhaltigkeit wird so verunmöglicht.
fehlende Vernetzung mit externen Akteuren	• Lehrkräfte sind überlastet. • Konzepte werden aufgrund mangelnder Kenntnisse unzureichend und fehlerhaft umgesetzt.
fehlende Konzepte zur Intervention	• Opfer werden alleingelassen. • Vertrauen in die Lösungsmöglichkeiten der Schule schwindet.
zu wenig Nachhaltigkeit	• Projekte werden begonnen, aber nicht zu Ende geführt, geraten in Vergessenheit. • Reaktionen der Lehrkräfte werden inkonsistent. • Prävention bleibt ein kurzzeitiges Intermezzo.
keine oder unzureichende Schulung der Personen, die eine Intervention durchführen	• Fehlerhafte Reaktionen der Lehrkräfte im Interventionsverlauf bewirken mangelnden Opferschutz. • Schüler/innen haben zu wenig Vertrauen in die Lehrkräfte und verschweigen ihre Probleme.
keine Konsequenzen bei Regelverstößen	Schule wird zum »rechtsfreien Raum«.
unzusammenhängendes, wissenschaftlich nicht evaluiertes Konzept	• Prävention bleibt Stückwerk, der Erfolg in das Belieben zufallsgemäßer Begebenheiten gestellt. • Prävention richtet sich an die falsche Altersstufe.

Tab. 2: Warum Prävention oft nicht gelingt

Selbst bei höchstem Einsatz kann nicht jeder dieser Faktoren mit Sicherheit ausgeschlossen werden. Bleiben Sie auch hier pragmatisch und versuchen Sie, so viele Gelingensbedingungen wie möglich zu erreichen, und akzeptieren Sie, dass sich kleinere Fehler nie ausschließen lassen.

Schließlich ist Präventionsarbeit an Schulen auch schwierig, weil Erfolge nicht so rasch erkennbar sind wie bei der Intervention. Dies zeigen auch die in wissenschaftlichen Untersuchungen gemessenen **Effekte**. Da man dort vor allem Mittelwerte des Verhaltens erfasst und Gewalttaten im Vergleich zum »Normalverhalten« insgesamt grundsätzlich selten auftreten, bewegen sich Verbesserungen in diesem Bereich häufig im einstelligen Prozentbereich.

Was hierbei oft übersehen wird, ist der Rückgang der Opferzahlen, der von solchen Untersuchungen nicht erfasst wird. Eine weitere für die Kernaufgabe von Schulen ganz entscheidende Auswirkung fasst Andreas Schick treffend zusammen: »Sozial-emotional kompetente Kinder sind in der Schule besser« (Schick 2010, S. 139).

3.2 Merkmale guter Präventionsarbeit

Egal, ob Schule nun gegen physische Gewalt oder Mobbing vorgehen will, für gelingende Präventionsarbeit gilt immer der Grundsatz:

> Je **früher** man mit der Prävention beginnt, desto **größer** sind die Effekte (Schick 2010, S. 47).

Wer bereits in der Grundschule oder sogar im Kindergarten das soziale Miteinander fördert, wird feststellen, dass so geförderte Kinder weniger auffällig oder gewalttätig sind. Besonders wirksam sind solche Trainings, wenn sie im **Übergang** zwischen den Bildungseinrichtungen gestaltet werden. Leider gibt es noch zu wenige Präventionsprogramme, die diesen Aspekt beachten. Für Kinder hat ein Konzept, das sie bereits kennen, einen hohen Wiedererkennungseffekt, der ihnen zudem das Ankommen im nächsten Bildungssystem erleichtert. Für Lehrkräfte besteht der große Vorteil darin, dass die Kinder bereits viele Regeln und Vereinbarungen kennen, die Schule muss also weniger Zeit in die präventive Arbeit investieren.

> Gewaltpräventive Arbeit sollte daher, wo immer möglich, die **Anschlussfähigkeit** beachten.

Im Wesentlichen stellen die **Gelingensbedingungen** von Präventionsarbeit das Gegenteil der im vorhergehenden Kapitel beschriebenen Kennzeichen schlechter Prävention dar:

- Die Schulleitung unterstützt die Auseinandersetzung mit dem Thema.
- Kollegium, Eltern- und Schülervertreter stehen hinter allen Maßnahmen.
- Der Ist-Stand an der Schule ist erhoben worden und dient als Ausgangspunkt für alle weiteren Planungen.
- Das Schulkonzept wird demokratisch von allen Beteiligten geplant.
- Alle Maßnahmen werden konsequent umgesetzt.
- Bei der Auswahl und beim Einsatz von Präventionsprogrammen werden Qualitätskriterien beachtet (siehe hierzu S. 87 f.). 87 f.
- Es wird ein Netzwerk unter Einbeziehung externer Akteure, Ressourcen und Kompetenzen aufgebaut.
- Bereits bestehende präventive Maßnahmen werden aufeinander abgestimmt.
- Ausgewählte Lehr- und/oder Fachkräfte erhalten eine Schulung in einem Interventionskonzept.

Neben den beschriebenen Kennzeichen gelingender Präventionsarbeit spielt jedoch ein weiterer Aspekt eine ganz erhebliche Rolle, ein Aspekt, der durch Planung oder Fortbildung nur bedingt beeinflusst werden kann: Präventionsarbeit ist immer auch **Beziehungsarbeit**. Die soziale Kontrolltheorie des amerikanischen Soziologen Travis Hirschi besagt, dass normabweichendes Verhalten von Jugendlichen umso geringer ist, je stärker die folgenden Faktoren zutreffen (die Ergänzungen in Klammern sollen die konkrete Bedeutung für den Kontext Schule verdeutlichen):

- die emotionale Bindung (an die Schule)
- das Gefühl der Verpflichtung (gegenüber der Schule)
- die Einbindung in Tätigkeiten (an der Schule)
- der Glaube an Werte (die in der Schule vorgelebt und vermittelt werden)

Die stärksten Auswirkungen dieser vier Faktoren hat die emotionale Bindung. Sie ist in Schulen sicherlich schwierig umsetzbar, zum Beispiel aufgrund der klaren Hierarchien und der gesetzlichen Verpflichtung der Lehrkräfte, Leistungen und teilweise auch Verhalten beurteilen zu müssen. Für die konkrete Präventionsarbeit in Schulen bedeutet dies, nicht nur Eltern, sondern auch Schüler/innen, soweit möglich, am Verfahren zu beteiligen und immer für die nötige Transparenz hinsichtlich aller Entscheidungen zu sorgen. Damit wird zwangsläufig die Identifikation mit der eigenen Schule erhöht, die emotionale Bindung steigt.

Dabei müssen jedoch die Vorgaben durch die Schule in einem Gleichgewicht mit der Selbstbestimmung des Schülers stehen. Überwiegt die Fremdkontrolle durch die Schule, zum Beispiel in Form einer nicht abgesprochenen Schulordnung, geht dies immer zu Lasten der Lehrer-Schüler-Beziehung. Dann steigt das Risiko, dass der Mangel an Eigenkontrolle durch Gewalttaten kompensiert wird. Andererseits können tragfähige Lehrer-Schüler-Beziehungen ein Kontrollungleichgewicht kompensieren. Diese **Kontrollbalancetheorie** des amerikanischen Soziologen Charles Tittle konnte mehrfach in der Praxis bestätigt werden. Man denke nur an die eigene Schülervergangenheit zurück und erinnere sich an Lehrkräfte, die man von Herzen »mochte« – das waren genau diejenigen Personen, die uns als Schüler die subjektiv empfundene Willkür des Systems Schule erträglich gemacht haben!

Problematisch wird die Situation im schulischen Alltag jedoch dadurch, dass eine Lehrkraft sehr viele Kinder gleichzeitig betreuen muss. Damit wird ein Beziehungsangebot häufig schwierig. Erfolgt es jedoch mit der nötigen Ernsthaftigkeit, führt es nachweislich zu mehr Respekt auf beiden Seiten (Robertz/Wickenhäuser 2010, S. 47).

Die Forderung nach tragfähigen Beziehungen zwischen Lehrkräften und Schülern bedeutet nicht die Schaffung eines rechtsarmen Raums – im Gegenteil:

! Klare Grenzen und Regeln geben den Rahmen vor, innerhalb dessen Beziehungen gestaltet werden können, sie vermitteln den nötigen **Halt** im schulischen Alltag.

Vor allem an diesem Aspekt wird deutlich, warum Prävention im Gegenteil zu Intervention nur Erfolg haben kann, wenn das gesamte **System Schule** sich einsetzt. Dies wird durch Studien untermauert, die zeigen, dass »die ungeteilte, gemeinsame Anstrengung aller, die zur Schule gehören, ein wesentliches Erfolgselement zur Reduktion von Gewalt, Aggression und Mobbing darstellt« (Schäfer 2010, S. 102).

Die Beachtung des Beziehungsaspektes und der gesunden Balance zwischen Selbstständigkeit und Führung waren wichtige Ausgangspunkte für die Entwicklung meines Präventionsansatzes:

Ob Schulen Prävention langfristig verfolgen, hängt schließlich auch von der Motivation der Beteiligten und vom Erfolg der bisher durchgeführten Maßnahmen ab. Man sollte dabei jedoch nicht vergessen, dass Schule Gewalt nie ganz verhindern, sondern immer nur vermindern kann. Diese Chance allerdings sollten Schulen nutzen.

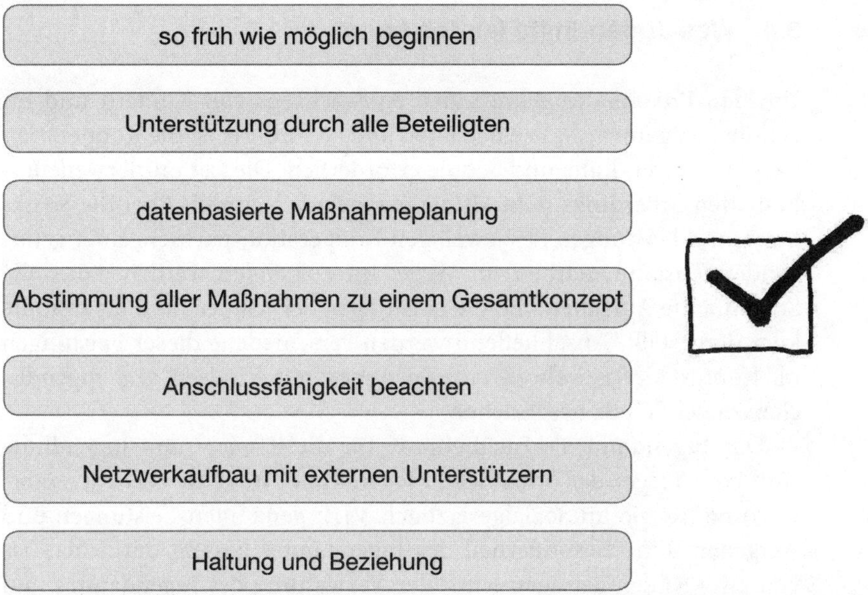

Abb. 4: Merkmale guter Prävention

3.3 Angebote externer Akteure

In einigen Bundesländern gibt es mittlerweile intensive Bestrebungen, schulischen Defiziten durch Vernetzungsarbeit im Bereich Bildung zu begegnen. Solche **Bildungsnetzwerke** sind im Idealfall nicht nur in der Schulaufsicht oder -verwaltung verortet, sondern auch in der Jugendhilfe. Wie wichtig dieser zweite Partner im Bereich Bildung ist, wurde mir im Regionalen Bildungsbüro im Kreis Olpe deutlich. Trotz meiner jahrzehntelangen Beratungstätigkeit an Schulen hatte ich nur unzureichende Kenntnisse über die Vielfalt an Möglichkeiten, die sich aus der Kooperation zwischen Jugendhilfe und Schule ergeben.

Eine solche Zusammenarbeit kann jedoch nur fruchtbar sein, wenn sie auf Augenhöhe erfolgt. Grundlage für gleichberechtigte Arbeit ist die Kenntnis über die Arbeitsfelder des jeweils anderen Partners. Das folgende Kapitel 3.4 beschreibt das weite Spektrum der **Jugendhilfe** und wo konkret für den Bereich der Gewaltprävention Synergien möglich sind.

Meine Erfahrungen als Referent haben mir außerdem gezeigt, dass Schulen auch über die Arbeitsbereiche der **Schulpsychologen** zu wenig informiert sind. Diese Lücke soll die Übersicht in Kapitel 3.5 schließen.

3.4 Was Jugendhilfe leisten kann[6]

Um den Prozess des gelingenden Aufwachsens von Kindern und Jugendlichen gemeinsam zu begleiten und zu fördern, ist die Kooperation zwischen Jugendhilfe und Schule erforderlich. Dies ist mittlerweile unbestritten. Allerdings steht oft die mangelnde Kenntnis über die Strukturen und Leistungen des jeweiligen Kooperationspartners einer gelingenden Zusammenarbeit im Wege. Im Folgenden werden daher die Struktur, die Aufgaben und die Leistungen der Kinder- und Jugendhilfe kurz dargestellt. Anschließend werden verschiedene dieser Leistungen im Kontext der gewaltpräventiven Arbeit mit Kindern und Jugendlichen in der Schule beschrieben.

Das **Jugendamt** als Fachbehörde für die Kinder- und Jugendhilfe (örtlicher Träger der öffentlichen Jugendhilfe) trägt die Gesamtverantwortung für die im Sozialgesetzbuch VIII[7] genannten Leistungen und Aufgaben. Eine Besonderheit des Jugendamtes besteht darin, dass es von zwei Säulen getragen wird, der **Verwaltung** des Jugendamtes und dem **Jugendhilfeausschuss** als fachpolitischem Gremium. Mitglieder des Jugendhilfeausschusses sind zum Beispiel Vertreter der politischen Parteien, Vertretungen der freien Träger der Jugendhilfe, der Kirchen und Wohlfahrtsverbände sowie der Agentur für Arbeit.

Der Jugendhilfeausschuss befasst sich grundsätzlich mit allen Angelegenheiten der Jugendhilfe. Hierzu zählen die Erörterung aktueller Problemlagen junger Menschen und ihrer Familien sowie die Förderung der freien Träger der Jugendhilfe. Zudem ist es Aufgabe des Jugendhilfeausschusses, Anregungen und Vorschläge zur Weiterentwicklung der Jugendhilfe zu beraten und entsprechende Beschlüsse zu fassen (§ 71 SGB VIII). Als Beispiel sei die Ausrichtung des Kinder- und Jugendschutzes genannt. Hier kann der Jugendhilfeausschuss bestimmte Schwerpunktsetzungen wie Medienerziehung oder Gewaltprävention beschließen.

In der Regel sind die freien Träger der Jugendhilfe den **Wohlfahrtsverbänden** als Dachorganisationen angeschlossen. Im Einzelnen sind dies:

- Deutscher Caritasverband
- Diakonisches Werk der ev. Kirchen in Deutschland (DW der EKD)
- Arbeiterwohlfahrt (AWO)

---

6 Dieses Kapitel wurde von meiner Kollegin im Regionalen Bildungsbüro Olpe, Frau Susanne Spornhauer, verfasst und von mir redaktionell bearbeitet.

7 Die zwölf Sozialgesetzbücher regeln alle Bereiche, die dem Sozialrecht zuzuordnen sind.

- Paritätischer Wohlfahrtsverband (DPWV)
- Deutsches Rotes Kreuz (DRK)
- Zentralwohlfahrtsstelle der Juden in Deutschland (ZWST)

Wenn Schulen Kooperationspartner im Sozialraum suchen, sind jedoch die örtlichen Träger, Verbände oder Vereine geeignete Ansprechstationen. Sie können beispielsweise beraten, welche Angebote vor Ort zur Verfügung stehen.

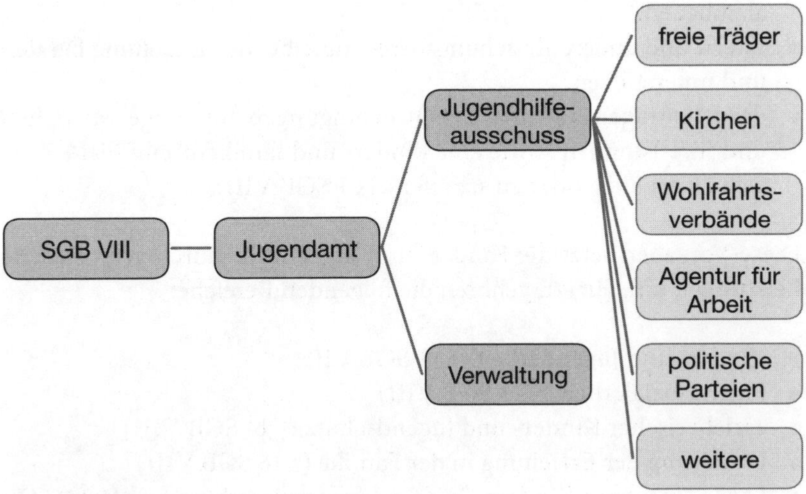

Abb. 5: Organisation des Jugendamtes

Die freien Träger der Jugendhilfe sind im Rahmen des Jugendhilfeausschusses auch in politischen Gremien zu beteiligen. Im Rahmen des Subsidiaritätsprinzips[8] ist gefordert, Leistungen der Jugendhilfe, soweit möglich, den freien Trägern der Jugendhilfe zu übertragen, was zu einem ausdifferenzierten und vielfältigen Angebot sowie zu einer für Außenstehende, wie zum Beispiel die Schule, oft unüberschaubaren Trägerlandschaft führt.

Vor dem Hintergrund veränderter gesellschaftlicher Bedingungen des Aufwachsens sowie der wachsenden Anforderungen an öffentliche Erziehung hält die Kinder- und Jugendhilfe vielfältige Möglichkeiten und Erfahrungsräume als Sozialisationshilfen für Kinder und Jugendliche bereit. Im Unterschied zu Schule sind diese Angebote jedoch frei-

8 Subsidiaritätsprinzip: Soziale Aufgaben sollen durch übergeordnete, zum Beispiel kommunale Organe nur dann übernommen werden, wenn sie nicht von untergeordneten, nicht staatlichen Institutionen erfüllt werden können.

willig und unterstützen und fördern in erster Linie die Selbstbildungspotenziale.

Mit der Einführung des **Kinder- und Jugendhilfegesetzes** (KJHG) 1990 bzw. 1991 ist die Entwicklung von Kindern und Jugendlichen zu eigenverantwortlichen und gesellschaftsfähigen Persönlichkeiten als Aufgabe der Kinder- und Jugendhilfe festgeschrieben: »Jugendhilfe soll:

- junge Menschen in ihrer individuellen und sozialen Entwicklung fördern und dazu beitragen, Benachteiligungen zu vermeiden oder abzubauen,
- Eltern und andere Erziehungsberechtigte bei der Erziehung beraten und unterstützen,
- dazu beitragen, positive Lebensbedingungen für junge Menschen und ihre Familien sowie eine kinder- und familienfreundliche Umwelt zu erhalten oder zu schaffen« (§ 1 SGB VIII).

Diese Vorgaben setzt die Kinder- und Jugendhilfe durch verschiedene **Leistungen** um. Hierzu gehören die folgenden Bereiche:

- Kinder- und Jugendarbeit (§ 11 SGB VIII)
- Jugendsozialarbeit (§ 13 SGB VIII)
- erzieherischer Kinder- und Jugendschutz (§ 14 SGB VIII)
- Förderung der Erziehung in der Familie (§ 16 SGB VIII)
- Förderung von Kindern in Kindertageseinrichtungen (§ 24 SGB VIII) und in Kindertagespflege(§ 22 SGB VIII)
- Hilfen zur Erziehung, Eingliederungshilfen, Hilfen für junge Volljährige (§ 27 f. SGB VIII)

Betrachtet man die Möglichkeiten und Angebote von Jugendhilfe im Kontext der gewaltpräventiven Arbeit, so lassen sich bezogen auf die genannten Leistungen einige Beispiele benennen.

Die **Kinder- und Jugendarbeit** bietet viele Orte und Gelegenheiten für soziales Engagement, Selbstbestimmung und Selbstbildung. »Mit ihrer interdisziplinären Verankerung in der Sozialpädagogik steht sie als Sozialisationsinstanz neben Familie und Schule« (Riekmann/Bracker 2008, S. 461). Im Rahmen der Freizeitgestaltung, die zunehmend durch Kommerzialisierung und Medialisierung geprägt ist, brauchen Kinder und Jugendliche Orte und Angebote, die sie in ihrer Entwicklung zu einer eigenständigen und gemeinschaftsfähigen Persönlichkeit (§ 1 SGB VIII) unterstützen. Dabei spielt die Gruppe der Gleichaltrigen in ihrer Funktion für die Identitätsentwicklung eine zentrale Rolle. Zu den Strukturprinzipien der Kinder- und Jugendarbeit gehören (siehe auch Riekmann/Bracker 2008, S. 461):

- Freiwilligkeit in Bezug auf die Nutzung von Angeboten
- Offenheit auch in Bezug auf die Nutzung der Angebote durch alle Kinder und Jugendliche ohne Separierung und Differenzierung
- niedrige institutionelle Macht als Grundlage für Selbstbildungsprozesse insbesondere in Gleichaltrigengruppen

Die Kinder- und Jugendarbeit ist grundlegend durch ihre präventive Ausrichtung gekennzeichnet. Im Kontext der gewaltpräventiven Angebote haben sich in den letzten Jahren insbesondere viele erlebnispädagogische Maßnahmen (z. B. Hochseilklettergarten, Erlebnisparcours, Kanufahrten) etabliert, die einen zentralen Beitrag zur Entwicklung von Selbstwert und Selbstwirksamkeitsüberzeugungen bei Kindern und Jugendlichen leisten. Derartige Maßnahmen werden seitens der Kinder- und Jugendarbeit auch für Schulklassen angeboten.

Die **Jugendsozialarbeit** richtet sich an individuell beeinträchtigte oder sozial benachteiligte Jugendliche. Am bekanntesten sind hier die Angebote der Schulsozialarbeit und der Jugendberufshilfe, die die soziale Integration, den Erwerb einer schulischen oder beruflichen Ausbildung unterstützen und zum Abbau der sozialen Benachteiligung beitragen.

Beim **erzieherischen Kinder- und Jugendschutz** geht es in erster Linie um den Schutz von Kindern und Jugendlichen vor gefährdenden Einflüssen. Gleichzeitig sollen ihnen Angebote gemacht werden, die sie zu Kritikfähigkeit, Eigenverantwortung und Entscheidungsfähigkeit, aber auch zu Verantwortung gegenüber ihren Mitmenschen befähigen (§ 14 SGB VIII). In der Kooperation zwischen Jugendhilfe und Schule können hier unter anderem die zahlreichen präventiven Angebote an Schulen zu Gewaltprävention, Selbsterfahrung (z. B. über erlebnispädagogische Angebote) und Suchtprävention genannt werden.

Die **Kindertageseinrichtungen** haben in den letzten Jahren zunehmend an Bedeutung im Rahmen der Bildung, Betreuung und Erziehung, auch unter dem Aspekt frühkindlicher Bildung, gewonnen. Sie bieten den Kindern nicht nur breite Anregungspotenziale, sondern auch Raum für soziale Lernprozesse, insbesondere auch im gewaltfreien Umgang mit Konflikten (Melzer/Schubarth 2008, S. 242). In vielen Kindertageseinrichtungen werden zum Beispiel entsprechende altersspezifische Trainings zur Förderung sozialer und emotionaler Kompetenzen angeboten (vgl. die Beispiele in Kap. 6.2 auf S. 89). In den meisten Bundesländern gibt es mittlerweile Bildungspläne für die Kindertageseinrichtungen, die sich jedoch nicht nur auf die Altersgruppe der Vorschulkinder beziehen, sondern auch den Übergang in die Grundschule und die Grundschulzeit mit berücksichtigen (siehe S. 24).

89

24

Auch die **Jugendverbandsarbeit**, in der Jugendgruppen und Jugendarbeit durch die Jugendlichen selbst organisiert, gemeinschaftlich gestaltet und mitverantwortet werden (§ 12 SGB VIII), leistet einen entscheidenden Beitrag zur Persönlichkeitsentwicklung und Demokratiebildung bei Kindern und Jugendlichen. Sie orientiert sich primär an den Interessen und Lebenslagen von Kindern und Jugendlichen mit dem Schwerpunkt der Persönlichkeitsbildung (Riekmann/Bracker 2008, S. 462). Anders als Schule haben weder die Kinder- und Jugendarbeit noch die Jugendverbandsarbeit gesellschaftliche Qualifikationsanforderungen zu erfüllen und verstehen sich demzufolge als Orte und Angebote non-formaler und informeller Bildungsangebote mit einem lebensweltorientierten und präventiven Ansatz.

Auch die **Schulsozialarbeit** mit ihren unterschiedlichen Organisationsformen steht seit vielen Jahrzehnten als Kooperationspartner dem System Schule gegenüber bzw. gilt auch in bestimmten Organisationsformen als Teil des Systems Schule. Neben kompensatorischen Angeboten, die Ausgrenzung und Selektion bestimmter Individuen und Gruppen vermeiden sollen, ist die Schulsozialarbeit vielfach in ihrer Funktion als neutrale Instanz im System Schule verankert und damit Anlaufstelle für individuelle und familiäre Probleme der Kinder und Jugendlichen, aber auch beratende Instanz für Fragestellungen seitens der Lehrkräfte. Im Kontext gewaltpräventiver Angebote kann die Schulsozialarbeit grundsätzlich einen wesentlichen Beitrag in und für Schule leisten, sofern sie als gleichwertiger und gleichberechtigter Partner gesehen wird.

Kinder und Jugendliche haben überdies im Kontext der Jugendhilfe einen eigenen **Beratungsanspruch** (§ 16 SGB VIII), den sie auch selbst in allen Lebenslagen sowohl beim Jugendamt als auch bei Beratungsdiensten freier Träger der Jugendhilfe geltend machen können. Sofern die Probleme weitergehende Unterstützungsleistungen und Hilfen seitens des Jugendamtes erforderlich machen, besteht die Möglichkeit für die Personensorgeberechtigten, einen Antrag auf **Hilfen zur Erziehung** (§ 27 SGB VIII) beim Jugendamt zu stellen. Anlassbezogen finden im Rahmen dieser Hilfen zur Erziehung auch Kooperationen zwischen Jugendhilfe und Schule statt. Diese beziehen sich jedoch in der Regel auf den Einzelfall mit seiner jeweiligen Problematik (z. B. soziale Gruppenarbeit oder Betreuungshelfer).

Anders sieht es mit den Kooperationen aus, die zwischen dem Jugendamt und den Schulen generell im Kontext der **Beratungsleistungen** stattfinden. Diese können über die Beratung eines Einzelfalls hinausgehen und auch eine gemeinsame fachliche Ausrichtung, beispielsweise die Möglichkeit gemeinsamer gewaltpräventiver Angebote, haben (z. B. ein vom Jugendzentrum durchgeführtes Kistenklettern im Rah-

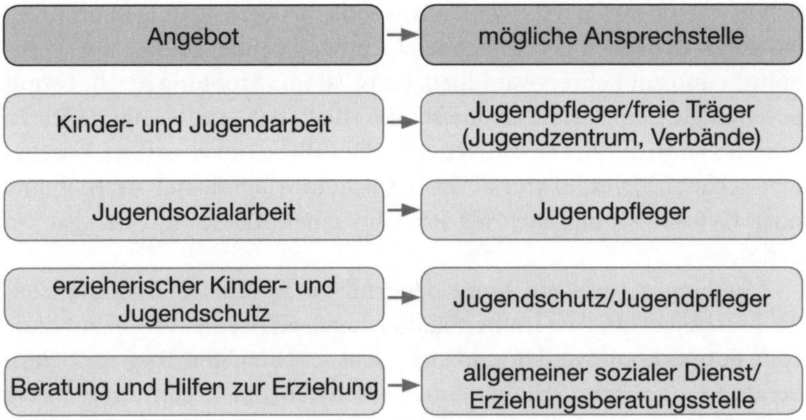

Abb. 6: Angebote der Jugendhilfe im Kontext Gewaltprävention

men einer schulischen Suchtpräventionsaktion, Beratung durch Fachpersonal für den Bereich der Gesundheitsprävention).

Abbildung 6 stellt die verschiedenen Angebote mit den jeweiligen Ansprechpersonen dar.

3.5 Was Schulpsychologie leisten kann[9]

Schulpsychologie versteht sich als Unterstützungssystem für Schulen und hat damit Anteil am Bildungs- und Erziehungsauftrag der Gesellschaft. Historisch gesehen hat es in den letzten Jahrzehnten einen Paradigmenwechsel von der fast ausschließlichen Einzelfallberatung hin zur schwerpunktmäßigen **Schulsystemberatung** gegeben.

Das föderative Kultussystem führt in den einzelnen Bundesländern zu sehr unterschiedlichen Arbeitsbedingungen für Schulpsychologie. Daraus ergibt sich eine sehr heterogene Arbeitsweise. Manche Schulpsychologen sind Teil des Schulkollegiums, andere sind in Regionalen Schulberatungsstellen oder Schulpsychologischen Diensten angesiedelt, arbeiten aber dennoch auch in Schulen und mit Kollegien. Einzelne schulpsychologische Dienste bieten auch Supervision für Lehrer/innen bzw. Schulleitungen an.

Der Aufgabenbereich ist also sehr groß. Daraus ergibt sich, dass die meisten Schulpsychologen **Arbeitsschwerpunkte** entwickelt haben. Viele sind im Bereich Schullaufbahnberatung tätig, andere mehr in der

9 Mein Dank gilt Frau Dipl.-Psych. Monika Huesmann von der Regionalen Schulberatungsstelle im Kreis Olpe, die dieses Kapitel verfasst hat.

Schulsystemberatung. Es werden Angebote bei Lernstörungen und Teilleistungsschwächen gemacht, aber auch bei Hochbegabung, zur »Lernkultur« und zur Lehrergesundheit. Beim Thema **Mobbing** hat die Schulpsychologie den Vorteil, (zumeist) außerhalb der Schule angesiedelt zu sein. So kann sie aus einem systemischen Blickwinkel auf das Geschehen schauen. Jenseits von »Wer hat Schuld?« betrachtet sie Mobbing oder Cybermobbing auch als Problem einer Klasse und der ganzen Schule.

Mobbing ist meist ein Anmeldegrund von Eltern. Die Beratungsstellen hoffen jedoch, dass immer häufiger auch Klassenleitungen auf diese Fälle aufmerksam werden und sich nicht scheuen, den Weg zur Schulberatung zu gehen. Schulpsychologen stehen ihnen gerne mit ihrem Fachwissen und verschiedenen Programmen zur Lösung der Probleme zur Seite. Die Durchführung einer **Mobbing-Intervention** sollte jedoch immer durch die Klassenleitung oder ausgebildete Lehr- oder Fachkräfte erfolgen. In einer Lehrerfortbildung können darüber hinaus ganze Kollegien für das Thema Mobbing sensibilisiert werden. Anfragen nimmt die örtliche Schulpsychologie jederzeit entgegen.

Eine enge Zusammenarbeit mit Schulsozialarbeitern und **Beratungslehrern** erweitert den Blickwinkel und die Einflussmöglichkeit von Schulpsychologie. Dies gilt zum Beispiel für den wichtigen Bereich der »Schulvermeidung«. Das kann Schuleschwänzen in verschiedensten Ausprägungen bedeuten oder auch auf eine Angststörung hinweisen. In diesem Bereich bewährt sich eine Zusammenarbeit zwischen Eltern, Lehrer/innen und Schulpsychologen, zum Teil auch dem Jugendamt. An sogenannten »runden Tischen« ergibt sich oft ein viel klareres Bild.

Seit dem ersten »School Shooting« auf deutschem Boden 2002 in Erfurt hat sich ein neues Arbeitsfeld für Schulpsychologie entwickelt: Gewaltprävention und Unterstützung von Schulen bei besonderen **Bedrohungslagen**. Dies beinhaltet eine frühzeitige Sensibilisierung von Lehrkräften für »unglückliche« Schüler/innen, die aber nach außen oft »funktionieren«. Auch in diesem Bereich ist die schulpsychologische Prävention von großer Bedeutung: Die vielen Amokläufe, die *nicht* stattgefunden haben, machen keine Schlagzeilen! Eine Schule mit einem guten Beratungssystem und vor allem einer offenen **Schulkultur**, die das Individuum achtet und sich besonders um Schwächere und scheinbare Verlierer kümmert, dürfte generell gewaltpräventive Wirkung entfalten.

> Für Schulpsychologie gilt in allen Bereichen: Prävention vor Intervention!

Die meisten Bundesländer haben **Netzwerke** von Schulpsychologen und anderen Unterstützungssystemen gegründet, die gewährleisten, dass den Schulen bei Gewaltdrohungen jederzeit geschulte Fachleute als Ansprechpartner zur Verfügung stehen. Schulen werden – zum Beispiel in Nordrhein-Westfalen – auch unterstützt bei der Einrichtung von schulinternen Krisenteams.

Als **Arbeitsprinzipien** von Schulpsychologie nennt das »Berufsprofil Schulpsychologie in Deutschland« von 2008 den freien Zugang, die Freiwilligkeit, Kostenfreiheit, Unabhängigkeit und Neutralität sowie die Schweigepflicht. Besonders die »Allparteilichkeit« ist wichtig, damit Eltern die Schulberatungsstelle nicht als verlängerten Arm der Schule begreifen – und Lehrkräfte sie nicht als Teil der Schulaufsicht sehen.

Personell ist die Schulpsychologie, gemessen an ihren Aufgaben, oft stark unterbesetzt. Berufsverbände streben bis 2015 ein Verhältnis von Schulpsychologen zu Schüler/innen von 1:1 000 an. Die Realität liegt oft bei deutlich über 1:10 000. Allerdings haben viele Bundesländer in den letzten Jahren erkannt, dass Schulpsychologie unverzichtbar für das Beratungssystem der Schulen ist, und haben die Schulpsychologischen Beratungsstellen personell aufgestockt. Neben dem Effekt, dass sich Schul-

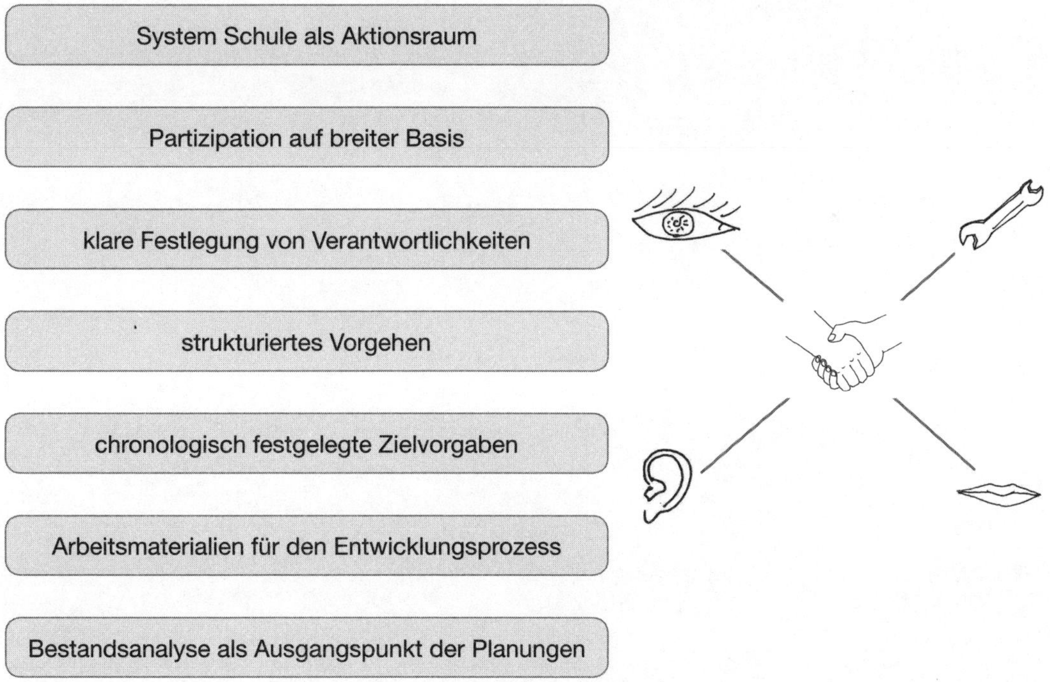

Abb. 7: Arbeitsfelder der Schulpsychologie im Kontext schulischer Gewalt

psychologie dadurch oft sichtbar verjüngt hat, wird sie nun oft erst in ihrer Bedeutung richtig wahrgenommen. Sie stößt Veränderungsprozesse an und entwickelt sich dabei selbst weiter. So haben Schulpsychologen nicht nur eine wichtige, sondern auch eine spannende Aufgabe.

4. Mehrebenenprävention

4.1 Grundlagen

Nachdem ich in den bisherigen Kapiteln die Grundlagen von Prävention an Schulen sowie die Arbeitsbereiche der wichtigsten externen Akteure dargestellt habe, möchte ich nun die Gelingensbedingungen für die praktische Umsetzung beschreiben. Wie schon auf S. 26 dargestellt, sind Mehrebenenansätze in der Prävention erfolgreicher als Insellösungen. Gute Programme in diesem Bereich setzen daher auf der Schul-, Klassen- und individuellen Ebene an und beinhalten ein wirksames Interventionskonzept.

26

Mehrebenenprävention bedeutet, dass ein Programm nicht bei einzelnen Schüler/innen oder Klassen ansetzt, sondern das gesamte **System Schule** umfasst.

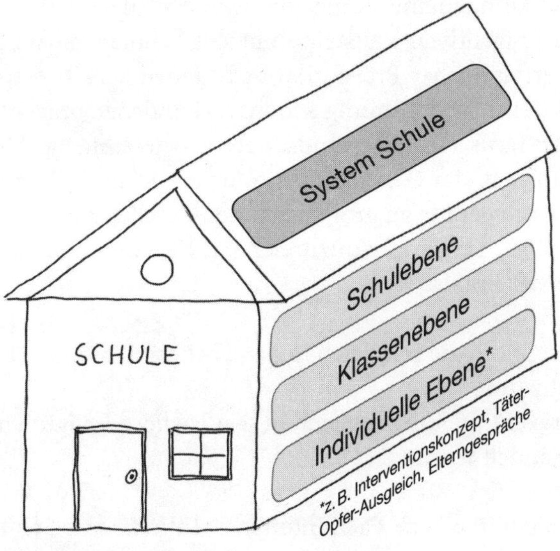

Abb. 8: Mehrebenenprävention

Unter dem System Schule verstehe ich dabei nicht nur Lehrkräfte und Schüler/innen, sondern *alle* Beteiligten (siehe Abb. 8). Mein Konzept bezieht daher an fast allen Stellen auch Eltern- und Schülervertreter, Schulsozialarbeiter oder pädagogische Fachkräfte im Ganztagsbetrieb mit ein (siehe auch S. 44 f.).

44 f.

Damit Prävention bei so vielen Beteiligten gelingt, braucht es eine klare Verteilung der **Verantwortlichkeiten** und einen strukturierten **Ablauf.** Das von mir entwickelte Konzept berücksichtigt diese Voraussetzungen und stellt die erforderlichen **Materialien**, mit denen alle Beteiligten zielgerichtet arbeiten können, zur Verfügung.

In den folgenden Kapiteln gebe ich einen Überblick über die Grundstruktur des Gesamtkonzeptes. Diese umfasst die folgenden Punkte:

- Präventionsarbeit wird als **Kreisprozess** beschrieben, der sich aus Ist-Stand-Analyse, Bedarfsermittlung, Maßnahmenplanung, Praxiserprobung und erneuter Ist-Stand-Analyse zusammensetzt.
- Es werden realistische und ressourcenbasierte **Zielvorgaben** beschrieben, die einen Erfolg der Präventionsarbeit gewährleisten.
- Die **Verantwortlichkeiten** der unterschiedlichen Arbeitsbereiche werden beschrieben.
- Ein **Zeitraster** wird vorgegeben, ausgehend von der Entscheidung, sich im Thema auf den Weg zu begeben, bis hin zur erfolgreichen Umsetzung von Prävention und Intervention.

Bei der Entwicklung meines Konzeptes wollte ich die bereits an Schulen bestehenden präventiven Bausteine nutzen. Schulen müssen auf dem Weg hin zu erfolgreicher Prävention nicht jeden Schritt neu erfinden. Oftmals stellt eine Verknüpfung schon vorhandener präventiver Bausteine auf der Basis einer **Bestandsanalyse** eine einfache Möglichkeit dar, erste Erfolge in der Gewaltprävention verbuchen zu können. Nicht selten finden sich gerade an großen Schulen Parallelstrukturen, von denen die einzelnen Lehrkräfte unzureichend Kenntnis haben. Hier zwei Beispiele aus der Praxis:

- Suchtprävention, die zeitgleich in den Fächern Biologie und Deutsch behandelt wurde
- Drogenprävention, die zeitgleich in den Fächern Religion und Pädagogik behandelt wurde

Solche **Parallelitäten** im Fachunterricht führen bei Schüler/innen schnell zu einer gewissen Ablehnung. »Nicht schon wieder dieses Thema!«, muss sich die Lehrkraft dann anhören. Das kann beim Fach-

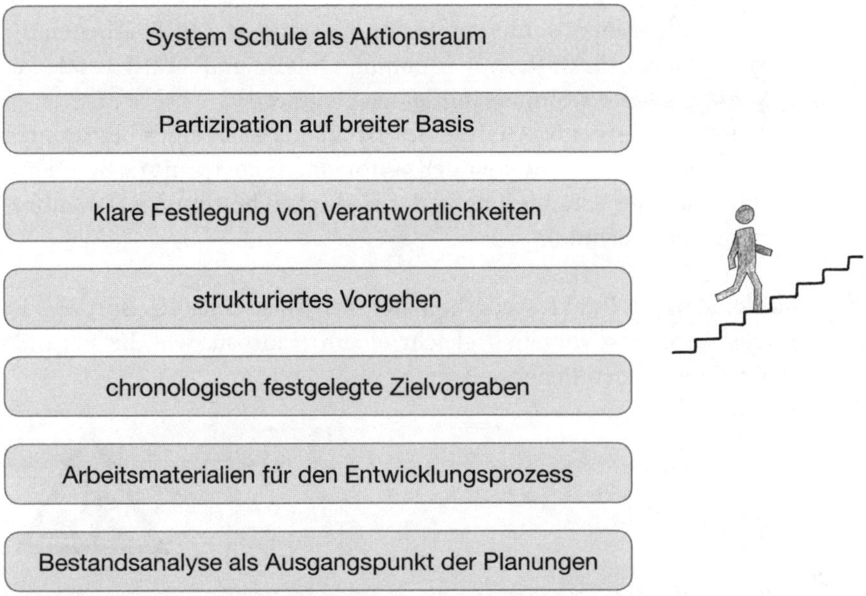

Abb. 9: Grundlagen des Konzeptes zur Mehrebenenprävention

lehrer wiederum zu Verärgerung oder Enttäuschung führen, weil er viel Energie und Engagement in die Themenvorbereitung investiert hat.

Die Bedarfsanalyse liefert aber neben dem Aufdecken solcher Parallelitäten auch wichtige Daten über Lücken im Präventionsbereich, die noch zu füllen sind (mehr hierzu in Kap. 5.7 auf S. 79 f.).

79 f.

4.2 Arbeit im Kreisprozess

Gewaltprävention ist ein Teil von Schulentwicklung. Aus diesem Grund liefert sie nur dann brauchbare Ergebnisse, wenn sie dem klassischen Arbeitsablauf in diesem Bereich folgt (siehe Abb. 10):

- Zu Beginn steht eine Analyse des **Ist-Stands** (z. B. in Hinblick auf die Häufigkeit bestimmter Gewaltformen an einer Schule).
- Auf der Basis der Analyseergebnisse können bestimmte **Bedarfe** ermittelt werden (z. B. wird ersichtlich, dass ein Mobbing-Interventionskonzept oder ein jahrgangsübergreifendes Konzept zur Förderung sozialer Kompetenzen erforderlich ist).
- Um diese Bedarfe passgenau bedienen zu können, werden danach entsprechende **Maßnahmen** ausgewählt und geplant (z. B. wird eine Schulung für Lehrkräfte in einem bestimmten Mobbing-Konzept oder zu einem sozialen Training durchgeführt).

- Die Maßnahmen werden in der **Praxis** umgesetzt (z.B. arbeiten die geschulten Lehrkräfte mit Mobbing-Opfern und -Tätern, oder es werden soziale Trainings in Klassen eingesetzt).
- Durch eine erneute **Analyse** des Ist-Stands nach einer bestimmten Zeit wird die Wirksamkeit der Maßnahmen überprüft (z.B. in Hinblick auf eine Veränderung in der Häufigkeit bestimmter Gewaltformen an der Schule).

Ab dem letzten Punkt wiederholt sich der Ablauf, der Kreisprozess ist geschlossen. Das Vorgehen gleicht einem Hausbau, wie die folgende Darstellung verdeutlichen soll.

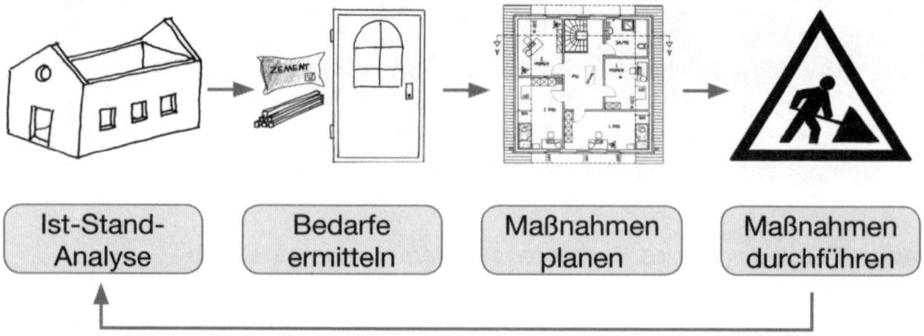

Abb. 10: Prävention als Kreisprozess

Dieses Bild macht auch klar, dass man die Zielvorgaben realistisch wählen sollte: Wer ein Einfamilienhaus als Rohbau stehen hat, wird daraus niemals ein Schloss erbauen können. Wie Zielvorgaben passgenau formuliert werden können, beschreibe ich im folgenden Kapitel.

4.3 Zielvorgaben und Verantwortlichkeiten

Meiner Erfahrung nach laufen engagierte Schulen bei der Planung und Durchführung von Projekten häufig Gefahr, sich zu überlasten. Für den Themenbereich Gewaltprävention wird beispielsweise ein umfangreicher Maximalkatalog formuliert, der neben all den anderen schulischen Anforderungen unmöglich in Gänze abgearbeitet werden kann. Die Folge sind Kompromisse oder eine überhastete und damit schlechte Umsetzung der Pläne (siehe auch Tab. 2 auf S. 23).

23

> Für gelingende Präventionsarbeit müssen die Zielvorgaben so formuliert werden, dass sie **realistisch** und unter Beachtung der personellen **Ressourcen** erreichbar sind.

Hilfreich für die Abschätzung der eigenen Belastbarkeit und der Umsetzbarkeit der Zielvorgaben ist hier die Außensicht. Es bietet sich gerade in diesem Punkt eine externe Moderation an, die immer wieder an den Punkt der Belastbarkeit erinnert.

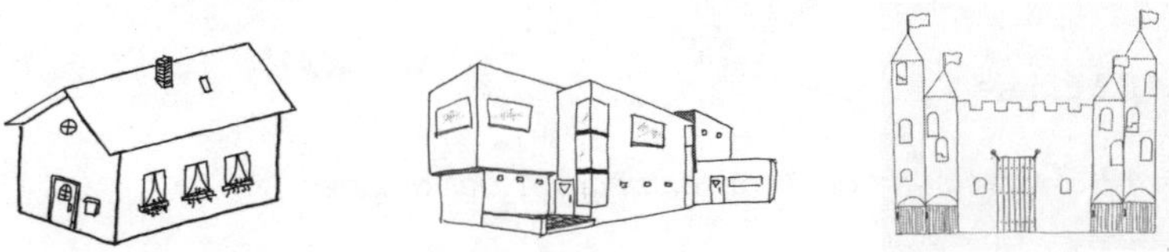

Realistische Ziele	Idealistische Ziele	Unerreichbare Ziele
• Fragebogenaktion • Kummerkasten einrichten • Interventionskonzept einsetzen • …	• alle Lehrkräfte beteiligen sich • Vorbild für andere Schulen werden • …	• keine schulische Gewalt mehr • Preis für die beste Schule gewinnen • …

Abb. 11: Realistische Zielvorgaben formulieren

Um ein noch fernes Ziel sicher zu erreichen, ist es ratsam, die gesamte Wegstrecke in kleine Abschnitte zu unterteilen. Nicht jeder Monat im Schuljahr ist beispielsweise mit gleich viel Arbeit angefüllt: Je näher die Zeugnistermine rücken, umso weniger zusätzliche Arbeit ist von einem Kollegium zu leisten.

Damit Termine und Zielvereinbarungen bei der Jahresplanung nicht verloren gehen, bin ich in der Zusammenarbeit mit Schulen dazu übergegangen, mit einem **Zeitraster** zu arbeiten. Darin werden die bis zu einem bestimmten Zeitpunkt realistisch erreichbaren Ziele eingetragen.

Zudem wird in diesem Zeitraster die Anzahl der **Pflichtaufgaben** aus den genannten Gründen begrenzt. Abbildung 12 zeigt ein Muster für ein solches Zeitraster mit drei Zielvereinbarungen pro Quartal (siehe auch KV 28 im Anhang auf S. 134). Welche Aufgaben konkret angegangen werden sollen, kann nur in einem Plenum aus allen Beteiligten beschlossen werden. Nur dann ist gewährleistet, dass das Ziel gemeinsam verfolgt wird. 134

Welche drei Ziele wollen wir in den folgenden Zeitabschnitten erreichen?

	Ziel 1	Ziel 2	Ziel 3
in 3 Monaten			
in 6 Monaten			
in 9 Monaten			
in 12 Monaten			

Abb. 12: Zeitraster für die Vereinbarung von Zielvorgaben

Ein weiterer Punkt, der Präventionsarbeit häufig im Sande verlaufen lässt, ist die fehlende Klärung der **Verantwortlichkeiten**. Jedes einzelne Ziel im Zeitraster wird nur erreicht, wenn eine bestimmte Person dafür verantwortlich ist. Dies muss nicht unbedingt eine Lehrkraft sein, auch Elternvertreter, in Einzelfällen auch Schüler/innen, können diese Aufgabe übernehmen. Wie und wann die Verantwortlichkeiten für den Arbeitsprozess festgelegt werden, beschreibe ich näher auf S. 59 f.

59 f.

4.4 Ablaufraster

Mein Konzept setzt sich aus fünf aufeinander aufbauenden **Phasen** zusammen, die idealerweise innerhalb eines Schuljahres umgesetzt werden. Diese Phasen unterscheiden sich in den folgenden Aspekten:

- Sie haben verschiedene **Inhalte**.
- Sie haben einen unterschiedlichen **Zeitbedarf**.
- Sie erfordern die Mitarbeit unterschiedlicher **Beteiligter**.
- Sie werden von verschiedenen **Verantwortlichen** koordiniert.

Je nach Schule bzw. Schulform sind die Inhalte, der Zeitbedarf sowie die beteiligten oder verantwortlichen Personen bzw. Institutionen verschieden. Ich möchte dies an einigen Beispielen verdeutlichen:

- **Ganztagsschulen** haben eine eigene Leitung. Diese muss unbedingt an der Präventionsarbeit beteiligt werden, um die Kontinuität der Maßnahmen über den gesamten Tagesverlauf zu gewährleisten.

- Bei Schulen in **privater Trägerschaft** kann auch der Schulträger eine wichtige Rolle spielen, zum Beispiel hinsichtlich konfessioneller Besonderheiten.
- Bei Schulen in **kommunaler Trägerschaft** sollte die Stadt oder Gemeinde beteiligt werden, zum Beispiel mit Blick auf die erforderlichen finanziellen Mittel.
- Der **Zeitbedarf** ist auch von der Größe einer Schule abhängig. Kleinere Schulen haben zwangsläufig nicht dieselben Ressourcen wie große.

Das Zusammenspiel der unterschiedlichen innerhalb und außerhalb an Schule Beteiligten ist mit Sicherheit nicht jeder Lehrkraft in Gänze bekannt. Hier wird deutlich, wie wichtig die Rolle der **Schulleitung** als Motor des gesamten Prozesses ist. Nur sie hat in der Regel das erforderliche Wissen über die Strukturen, die über die eigene Schule hinausgehen.

Abbildung 13 zeigt zur ersten Orientierung einen Überblick über die Kernthemen der fünf angesprochenen Phasen meines Konzeptes.

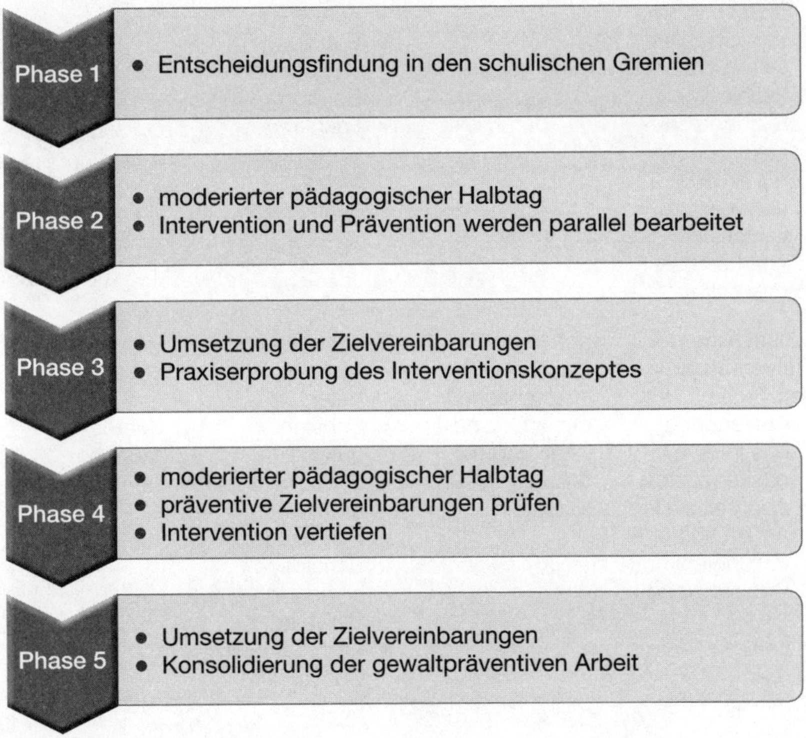

Abb. 13: Die fünf Phasen des Mehrebenen-Präventionskonzeptes

Phase	Inhalte	Zeitaufwand	Beteiligte	verantwortlich
Phase 1	**Entscheidungsfindung** • Besprechung in den turnusgemäßen Sitzungen der Gremien • gegebenenfalls außerordentliche Sitzungen des Schulleitungsteams zur Vorbereitung von Phase 2	je nach Diskussionsbedarf, ca. 1 Stunde	• Lehrkräfte • Elternvertreter • Schülervertreter • Schulsozialarbeit • Schulträger • Schulpsychologische Beratung • Fachkräfte im Ganztagsbetrieb	• Schulleitung • Leitung Ganztagsbetrieb • Schulträger
Phase 2	**pädagogischer Halbtag** • Input für alle Beteiligten zum Thema »Gewalt an Schulen« • Interventionsschulung ausgewählter Lehr- und/oder Fachkräfte • Bildung von Kleingruppen mit Arbeitsaufträgen zu verschiedenen Themen der Prävention	ca. 4 Stunden	• Lehrkräfte • Elternvertreter • Schülervertreter • Schulsozialarbeit • Schulträger • Schulpsychologische Beratung • Fachkräfte im Ganztagsbetrieb • Jugendhilfe	• Schulleitung • Leitung Ganztagsbetrieb • Fortbildungskoordination
Phase 3	**Umsetzung der Zielvereinbarungen** • Anwendung des Interventionskonzeptes • Abarbeiten der Arbeitsaufträge • Sitzung(en) der Steuergruppe	abhängig von der Zahl der Interventionen, der Arbeitsaufträge und der Steuergruppensitzungen	• Lehrkräfte • Elternvertreter • Schülervertreter • Schulsozialarbeit • Schulträger • Schulpsychologische Beratung • Fachkräfte im Ganztagsbetrieb	• Interventionsteam • Leitungen der Kleingruppen

Phase	Inhalte	Zeitaufwand	Beteiligte	verantwortlich
Phase 4	**pädagogischer Halbtag** • Intensivschulung Intervention • Konkretisieren der Arbeitsaufträge	4 Stunden	• Interventionsteam • Leitungen der Kleingruppen aus Phase 2 • Eltern- und Schülervertreter	• Schulleitung • Leitung Ganztagsbetrieb • Fortbildungskoordination
Phase 5	**Umsetzung der Zielvereinbarungen** • Konsolidierung	wie Phase 3	• alle Personen im schulischen Kontext	• alle Personen im schulischen Kontext

Tab. 3: Phasen des Mehrebenen-Präventionskonzeptes in der Übersicht

	Inhalte	Zeitaufwand
Phase 1	**Entscheidungsprozess** • Besprechung in den turnusgemäßen Sitzungen der Gremien • gegebenenfalls außerordentliche Sitzungen eines Arbeitskreises/einer Steuergruppe	3 Stunden für die Arbeitsgruppe
Phase 2	**pädagogischer Ganztag** • Schulung Intervention • Input für alle Beteiligten • Intensivschulung Intervention	6 Stunden
Phase 3	**Umsetzung Interventionskonzept** • Anwendung der Interventionsmethode • Erfahrungsaustausch	abhängig von der Zahl der Interventionen
Phase 4	**pädagogischer Ganztag** • Abarbeiten von Arbeitsaufträgen im Bereich der Prävention • Formulierung von Zielvereinbarungen	4 Stunden
Phase 5	**Umsetzung aller Zielvereinbarungen** • Konsolidierung	abhängig von der Zahl der Interventionen, der Arbeitsaufträge und der Steuergruppensitzungen

Tab. 4: Mehrebenenprävention an kleinen Schulen

Für Schulen ist es natürlich wichtig, neben den Inhalten auch den **Zeitaufwand** für ein solches Konzept abschätzen zu können. In Tabelle 3 habe ich alle wichtigen Informationen hierzu zusammengefasst. Eine detaillierte Beschreibung der einzelnen Phasen folgt in den folgenden Kapiteln ab S. 59. Bitte beachten Sie, dass die benannten Beteiligten einen Maximalkatalog darstellen. Je nach Schulform muss hier eine Auswahl getroffen werden.

59

Wie schon weiter oben angedeutet, ist die Umsetzung dieses Konzeptes in Schulen mit **kleinem Kollegium** nicht oder nur schwer möglich. Alternativ bietet es sich dort an, in Phase 2 das gesamte Kollegium zum Thema Mobbing zu informieren und anschließend alle Lehrkräfte ausführlich in einem Interventionskonzept zu schulen.

Die eigentliche Präventionsarbeit erfolgt dann mit zeitlichem Abstand an einem späteren Tag. So bleibt einerseits die Belastung des Kollegiums vertretbar, andererseits haben engagierte Lehrkräfte die Möglichkeit, erste Erfahrungen in der Umsetzung mit dem Interventionskonzept zu machen. Die Mitarbeit von Eltern ist hier sehr anzuraten, da sonst nur wenige Aufgabenbereiche abgearbeitet werden können.

Wie Tabelle 4 zeigt, hat diese Änderung im Ablauf inhaltlich wenig Auswirkungen, der Zeitaufwand wird jedoch geringfügig höher.

Da dialogische Prozesse an kleinen Schulen häufig wesentlich effektiver und reibungsärmer verlaufen, kann man davon ausgehen, dass vor allem die Umsetzung der Präventionsarbeit zeitökonomischer erfolgt.

Schlussendlich bleibt es jeder Schule selbst überlassen, in welcher Art und Weise sie die in den beiden Tabellen aufgelisteten Inhalte umsetzt. Sie sollte jedoch in keinem Fall Inhalte streichen oder kürzen. Dies würde den Erfolg und die Nachhaltigkeit aller Maßnahmen schmälern.

56 ff.

Im Folgenden beschreibe ich detailliert die Phasen meines Konzeptes. In Kapitel 5 (S. 56 ff.) stelle ich dann die jeweiligen Arbeitsaufträge mit den dafür erforderlichen Materialien dar.

4.5 Phase 1: Entscheidungsfindung

Vor der Planung gewaltpräventiver Maßnahmen muss an einer Schule Konsens darüber bestehen, dass alle Beteiligten sich mit dem Thema Gewalt aktiv auseinandersetzen wollen. Hier ist die Überzeugungsarbeit durch die Schulleitung entscheidend. Widerstände im Kollegium dürfen nicht übergangen werden, ansonsten läuft das Projekt Gefahr, auch aus den auf S. 23 genannten Gründen zu scheitern. Alle im Folgenden genannten Personen und schulischen Gremien müssen daher in den Entscheidungsprozess mit einbezogen und gegebenenfalls vorab in-

23

formiert werden, damit die Thematik Teil einer Tagesordnung werden kann:

- Die **Lehrerkonferenz** ist sicherlich das entscheidende Gremium, denn hier werden die Grundlagen für den Erfolg der Präventionsarbeit gelegt. Ist ein größerer Teil der Lehrkräfte nicht bereit, sich zu beteiligen, wird das Konzept nicht umgesetzt werden.
- Die Vorsitzenden der **Elternvertretung** der Schule erhalten vor der nächsten Sitzung Informationen über die Ergebnisse der Lehrerkonferenz. Aus der Mitte der Schulpflegschaft müssen dann Mitglieder für die Arbeit in Kleingruppen in Phase 2 und 4 (siehe S. 49 und 53) benannt werden. 49 53
- Die Vorsitzenden der **Schülermitverwaltung** an weiterführenden Schulen erhalten ebenfalls vor der nächsten Sitzung Informationen über die Ergebnisse der Lehrerkonferenz. Dies kann zum Beispiel über die Vertrauens- bzw. Verbindungslehrkraft erfolgen. Aus der Mitte des Schülerrats müssen Mitglieder für die Arbeit in Kleingruppen in Phase 2 und 4 benannt werden.
- An Ganztagsschulen sind die **Leitungen des Ganztagsbetriebs** in der Lehrerkonferenz am Entscheidungsprozess beteiligt. Die Ganztagsleitung benennt später nach Absprache mit dem Personal pädagogische Fachkräfte für die Kleingruppen in Phase 2 und 4.
- Je nach Bundesland bzw. Schulform sollen auch **Schulsozialarbeiter**, Schulpsychologen oder Mitarbeiter des Jugendamtes an Lehrer- und Schulkonferenz teilnehmen.
- Das Personal im **Sekretariat** bzw. der Verwaltung sollte abschließend über alle Vorgänge und Beteiligten informiert werden, da über sie später häufig die Kommunikation laufen wird (z. B. mit Eltern oder externen Partnern).

Alle Beteiligten einer Schule müssen sich auf das hier vorgestellte Konzept einigen. Dies umfasst auch die Anwesenheit der Eltern- und Schülervertreter in Phase 2 und 4. Ist ein Konsens erreicht, sieht der Ablauf vor, einen **Referenten** für einen theoretischen Input zum Gewaltbegriff oder zum Themenbereich Mobbing zu gewinnen. Ein solcher Vortrag soll gewährleisten, dass alle Beteiligten den gleichen Wissensstand haben und nicht aneinander vorbeireden oder Unkenntnis als Vorwand für mangelndes Engagement benutzen.

Eine klar strukturierte und unaufgeregte Darstellung des derzeitigen Wissensstands über die Gewalt- und Mobbing-Problematik an deutschen Schulen wirkt auf Lehrkräfte häufig entlastend. Viele Ängste und Befürchtungen werden widerlegt oder relativiert, und auch die Grenzen der schulischen Verantwortung werden deutlich. Da die Eltern- und

Schülervertreter den Vortrag ebenfalls hören, können die Informationen von diesen in die entsprechenden Gremien weitergetragen werden. Es ist aber auch ein spezieller **Elternabend** zum Thema denkbar. Die Organisation einer solchen Veranstaltung kann durchaus durch die Elternvertreter geleistet werden.

In den noch folgenden Phasen 2 und 4 ist eine **externe Moderation** unerlässlich. Diese soll an den entsprechenden Tagen auch ausgewählte Lehrkräfte in einem Interventionskonzept schulen. Geeignet ist hierfür nur ein Fachmann. Sinnvollerweise sollte dieser Experte auch den einführenden Vortrag halten. Für Schulen stellt sich häufig das Problem, geeignete Personen zu finden. Welche Personen oder Institutionen direkt vor Ort die Moderation übernehmen können, vermag ich natürlich an dieser Stelle nicht zu sagen. Folgende **Adressen** sind jedoch in jedem Fall für eine erste Suche nach professioneller Hilfe zu empfehlen:

34

- Gute Kenntnisse über die regionalen Anbieter haben in der Regel die **Schulpsychologen**. Teilweise stehen sie auch selbst für Veranstaltungen zur Verfügung (siehe auch S. 34).
- In einigen Bundesländern hat die **Arbeitsgemeinschaft Kinder- und Jugendschutz** (AJS) eine sehr umfangreiche Übersicht über Moderatoren und Referenten erstellt.
- Im **Kreis- oder Stadtjugendamt** kann meist der Jugendpfleger Auskunft über mögliche Referenten in der Region geben.
- Je nach Schwerpunktsetzung in den Handlungsfeldern können in den Bundesländern **Bildungsbüros** oder vergleichbare zentrale Vernetzungsstellen weiterhelfen. Die Mitarbeiter dort haben durch ihre Arbeit meist eine sehr umfassende Kenntnis über regionale Akteure im Bildungsbereich.
- Regionale oder überregionale **Anbieter** und Institute findet man in der Regel auch leicht über eine entsprechende Suche im Internet. Hier ist jedoch Vorsicht geboten, da nicht alle Anbieter seriös arbeiten. Die örtliche Polizei oder auch die Schulaufsicht können fundierte Auskunft zur Seriosität geben. Werden Referenzen angegeben, so sollte man sich nicht scheuen, diese Schulen anzurufen und nach der Zufriedenheit mit dem Anbieter zu fragen.
- Seriöse Angebote bekommt man immer auch über **Verlage**, die Autoren zum Thema im Verlagsprogramm führen. Nicht selten bieten die Autoren zumindest Vorträge zum Thema an. Ob sie auch für eine Moderation geeignet sind, ist damit allerdings noch nicht gesagt.

Bei der Auswahl des Referenten muss auch eine Absprache mit der Schulleitung über den geplanten **Tagungsverlauf** erfolgen. Ist der Referent nicht in der Lage, das Konzept umzusetzen, muss nach Ersatz gesucht werden. Wenn die Suche schließlich erfolgreich war, gilt es, alle Beteiligten des ersten pädagogischen Halbtags auf die bereits angesprochenen Kleingruppen zu verteilen (siehe S. 57).

57

Bereits vorab müssen auch geeignete Räumlichkeiten, gegebenenfalls mit speziellen Einrichtungen, ausgewählt werden (z. B. PC-Arbeitsplätze für die Überprüfung von Materialien im Internet). Die **Teilnehmerlisten** mit den Raumangaben werden frühzeitig im Lehrerzimmer ausgehängt, sodass eine größtmögliche Transparenz gegeben ist. Eltern- und Schülervertreter sowie Externe erhalten eine schriftliche **Einladung**.

Schließlich müssen noch alle **Materialien** für die Kleingruppen kopiert werden. Sollte das Kollegium die Gelegenheit nutzen und sich über aktuelle Literatur informieren wollen, so kann man gegebenenfalls bei einer Buchhandlung anfragen, ob sie einen Büchertisch zum Thema erstellen möchte. Als Vorlage für eine Bestellliste können die Empfehlungen im Downloadbereich zu diesem Buch (siehe S. 106) und meines »Anti-Mobbing-Buches« (siehe S. 140) dienen.

106 140

Abschließend noch einmal die Aufgaben in Phase 1 im Überblick.

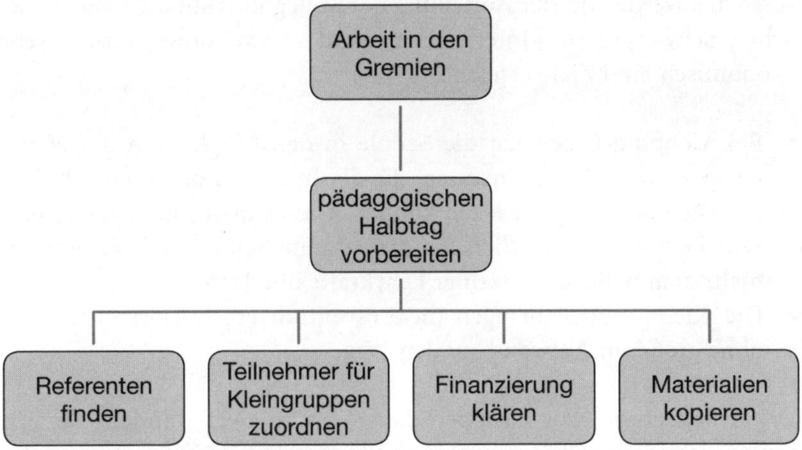

Abb. 14: Aufgaben in Phase 1

4.6 Phase 2: Erster pädagogischer Halbtag

In Phase 2 findet der geplante pädagogische Halbtag mit allen bereits genannten Personengruppen statt. Zu Beginn der Veranstaltung informiert der Referent alle Anwesenden über die Ursachen und Hintergründe schulischer Gewalt. Mit Rückfragen dauert dieser Input erfahrungsgemäß eineinhalb bis zwei Stunden. Nach dem Vortrag werden das Gesamtkollegium und alle anderen Anwesenden in die folgenden Gruppen aufgeteilt:

- Ein Teil der Anwesenden wird durch den Referenten in einer **Interventionsmethode** zu Mobbing geschult. In dieser Gruppe sollten vor allem Lehr- oder Fachkräfte mit Beratungskompetenz vertreten sein. Dies können zum Beispiel Beratungslehrkräfte, Vertrauenslehrkräfte, Klassenleitungen der unteren Klassenstufen, aber auch Schulsozialarbeiter oder sozialpädagogisch erfahrene Ganztagskräfte sein.
- Alle anderen Beteiligten arbeiten parallel in Kleingruppen konkrete Aufträge im **präventiven Bereich** ab. Die Aufgaben dieser Gruppen werden durch Materialien[10] stark strukturiert und damit vereinfacht. In jeder Gruppe wird eine verantwortliche Person benannt, die das 53 Gruppenergebnis vorträgt und in Phase 3 (siehe S. 53) die Erledigung des Arbeitsauftrags weiter vorantreibt.

Die Anzahl der Präventionskleingruppen ist von den Schwerpunktthemen, die die einzelne Schule sich wünscht, abhängig. In meiner praktischen Arbeit haben sich sechs Basisthemen bewährt, die ich in Kapitel 5 vorstellen werde. Mit der Aufteilung des Kollegiums auf die zwei inhaltlichen Schwerpunkte »Intervention« und »Prävention« werden sehr ökonomisch zwei **Ziele** erreicht:

- Bei Mobbing-Fällen hat die Schule in den Mitgliedern der ersten Gruppe kompetente Personen, die die **Intervention** bereits ab dem nächsten Schultag umsetzen können. Dieses Instrument gilt ab diesem Zeitpunkt einheitlich für die gesamte Schule und bleibt nicht mehr dem Belieben einzelner Lehrkräfte überlassen.
- Die Kleingruppen bringen die **Prävention** ergebnisorientiert und ohne größeren Aufwand auf den Weg.

Die Arbeitsphase aller Gruppen dauert bis zu zwei Stunden. Danach treffen sich alle Beteiligten erneut im Plenum. Die Verantwortlichen der sechs Präventionsgruppen tragen kurz ihre Ergebnisse vor. Dann kommt ein entscheidender Schritt für das Gelingen der weiteren Arbeit: 41 Mit dem bereits beschriebenen **Zeitraster** (siehe S. 41) muss das Plenum mehrheitlich beschließen, welche drei Aufgaben man jeweils in drei, sechs, neun und zwölf Monaten realistisch erreichen kann und will. Dieser Teil des Halbtags kann sowohl vom geladenen Referenten

---

10 Alle Materialien finden sich im Anhang als Kopiervorlagen sowie im Internet als Download (siehe S. 106).

als auch von der Schulleitung moderiert werden. Die Priorisierung der Handlungsfelder dauert erfahrungsgemäß eine Dreiviertelstunde.

In meiner Referententätigkeit habe ich festgestellt, dass an weiterführenden Schulen die Arbeitsziele im Zeitraster meist sehr ähnlich sind. Als Beispiel zeige ich in der folgenden Abbildung die Zielvereinbarungen eines Gymnasiums.

Welche drei Ziele wollen wir in den folgenden Zeitabschnitten erreichen?

	Ziel 1	Ziel 2	Ziel 3
in 3 Monaten	Anti-Mobbing-Vereinbarung formulieren und in den schulischen Gremien vorstellen	Fragebogen zur Ist-Stand-Analyse erstellen und in den schulischen Gremien vorstellen	Bestandsanalyse aller präventiven Aktivitäten an der Schule durchführen
in 6 Monaten	Anti-Mobbing-Vereinbarung wird in die Schulordnung aufgenommen	Informationswege für Eltern und Schüler/innen erarbeiten (z. B. Flyer erstellen)	Maßnahmenkatalog erstellen und in den schulischen Gremien vorstellen
in 9 Monaten	Umfrage zur Verbesserung der Schulumgebung durchführen	Fragebogenaktion durchführen	externe Partner kontaktieren und Absprachen treffen
in 12 Monaten	Anti-Mobbing-Vereinbarung wird von allen Schüler/innen und Lehrkräften unterzeichnet	Elternbriefe, Schülerflyer und neuen Text auf der Schulhomepage veröffentlichen	Maßnahmenkatalog in die Schulordnung aufnehmen

Abb. 15: Zeitraster für die Vereinbarung von Zielvorgaben mit Beispielen

Hier wird deutlich, dass durch die Materialgebundenheit der Kleingruppenaufträge und die Verteilung über einen längeren Zeitraum die anstehenden Arbeiten auch im nicht immer einfachen schulischen Alltag umsetzbar sind. Rein rechnerisch ist pro Monat nur eine Zielvereinbarung umzusetzen.

Ist diese letzte Hürde des pädagogischen Halbtags genommen, haben die Verantwortlichen aus jeder der sechs Präventionsgruppen die Aufgabe, für die Umsetzung dieser Ziele zu sorgen.

Die **Interventionsgruppe** trägt ihre Ergebnisse an diesem Tag nicht vor. Das würde einerseits den Zeitrahmen sprengen, andererseits ist die Aufmerksamkeit der Beteiligten nach der intensiven Arbeitsphase erfahrungsgemäß gering. Eine Kurzinformation kann zum Beispiel im Rahmen der Lehrer- und Schulkonferenzen erfolgen, in denen ja auch über einige der priorisierten Ziele abgestimmt werden muss. Eine vertiefte Darstellung des Interventionskonzeptes ist nicht zielführend, da in der schulischen Praxis nur sehr wenige Lehrkräfte aktiv mit Opfern und Tätern arbeiten. Entscheidend ist die Kenntnis, wer an der Schule diese Intervention durchführt und dass keine Lehrkraft entgegen der mehrheitlichen Abstimmung eigene Interventionsideen im Alleingang umsetzt!

19

Durch die bereits beschriebene Arbeit der Interventionslehrkräfte im Team zum Beispiel mit Klassenleitungen oder Schulsozialarbeitern (siehe S. 19) wird es zwangsläufig zu einer allmählichen **Qualifizierung** weiterer Lehrkräfte kommen.

Die folgende Übersicht zeigt den Verlauf des gesamten pädagogischen Halbtags sowie beispielhaft einige Themen, die in den Präventionskleingruppen bearbeitet werden können.

Vortrag

- **schulische Gewalt – Hintergründe und Handlungsmöglichkeiten**
  - alle Beteiligten im Plenum

Kleingruppenarbeit

- **Interventionsschulung in einer Kleingruppe**
- **materialgebundene Arbeitsaufträge zur Prävention in mehreren Kleingruppen**
  - Hilfestrukturen aufbauen
  - Befragung planen
  - Anti-Mobbing-Vereinbarung formulieren
  - Maßnahmenkatalog erstellen
  - Schulgebäude und Umgebung verbessern
  - Steuergruppe bilden und Bestandsanalyse beginnen

Zielvereinbarungen

- **konkrete Planungen für die schulische Praxis**
  - alle Beteiligten im Plenum
  - Vorstellung der Ergebnisse durch die Verantwortlichen der Präventionskleingruppen
  - Formulierung von Zielvereinbarungen
  - Einordnung der Vereinbarungen in einem Zeitraster

Abb. 16: Struktur des pädagogischen Halbtags in Phase 2

4.7 Phase 3: Umsetzung im Schulbetrieb

In Phase 3 werden die Zielvereinbarungen Schritt für Schritt in die Praxis umgesetzt. Verantwortlich für den Arbeitsprozess sind dabei die in Phase 2 benannten Personen. Diese bilden zusammen mit ausgewählten Mitgliedern der Präventionsgruppe F eine **Steuergruppe** bzw. einen Arbeitskreis (siehe S. 78 f.). Somit wird gewährleistet, dass die Mitglieder der verschiedenen Arbeitsgruppen vom Projektstand der jeweils anderen Gruppen Kenntnis haben. Damit ein guter Kommunikationsfluss gewährleistet ist, sollte sich der Arbeitskreis etwa alle sechs Wochen treffen.

78 f.

Entscheidend für eine nachhaltige Umsetzung der Präventionsarbeit ist der Aufbau eines **Netzwerks** gegen Gewalt. Eine der Präventionsgruppen prüft hierzu die entsprechenden Angebote im Umfeld und stellt gegebenenfalls Kontakte her.

Neben der nun stattfindenden Konsolidierung der Präventionsarbeit werden die Mitglieder der Interventionsgruppe gegebenenfalls erste Erfahrungen in der Anwendung des Interventionskonzeptes machen. Diese Erfahrungen werden in der folgenden Phase 4 unter fachlicher Leitung eines Referenten reflektiert. Je nach Umsetzungsstand wird Phase 4 nach etwa drei bis vier Monaten erreicht sein. Nun steht ein erneuter pädagogischer Halbtag an. Wie bereits bei Phase 1 sind im Vorfeld einige **Aufgaben** zu erledigen:

- Für die **Moderation** wird eine geeignete Person ausgewählt. Dies sollte der Referent der ersten Veranstaltung sein, da er über den Ablauf des Konzeptes bereits informiert ist.
- Als **Teilnehmer** müssen neben den Verantwortlichen aus den Präventionskleingruppen im Vorfeld auch die Mitglieder der Interventionsgruppe des ersten pädagogischen Halbtags sowie die Eltern- und Schülervertreter geladen werden.
- Gegebenenfalls muss der Kreis der **Anwesenden** um die bereits mehrmals benannten Beteiligten erweitert werden.

4.8 Phase 4: Zweiter pädagogischer Halbtag

Im Gegensatz zum ersten pädagogischen Halbtag ist die Teilnehmergruppe begrenzt. Sie umfasst:

- alle Mitglieder der **Interventionsgruppe**,
- die **Verantwortlichen** der Präventionsgruppen,

- **Eltern- und Schülervertreter** sowie weitere Schlüsselpersonen aus Phase 2,
- einen fachlich kompetenten **Referenten.**

Der Ablauf der Veranstaltung ist von zwei inhaltlichen Schwerpunkten geprägt:

- Die Verantwortlichen aus den Präventionsgruppen stellen dem Plenum zu Beginn des Halbtags auf der Basis der Zielvereinbarungen den aktuellen **Umsetzungsstand** ihrer Arbeitsbereiche vor. Unter Beteiligung des Referenten wird geprüft, wo noch Hilfen erforderlich sind. Die **Zielvereinbarungen** werden dann gegebenenfalls korrigiert oder ergänzt. Die Verantwortlichen der Präventionsgruppe können danach die Veranstaltung verlassen. Der Zeitaufwand für diesen Teil beträgt circa eine Schulstunde.
- Im Anschluss erhalten die Mitglieder der Interventionsgruppe ein vertieftes **Methodentraining** durch den Referenten. Dieses sollte nicht nur den Umgang mit Tätern und Opfern umfassen, sondern auch Anleitungen, wie man mit einer Klasse das Thema Gewalt oder Mobbing effektiv bearbeiten kann. Es bietet sich an, bei guten Erfahrungen den gleichen Referenten einzuladen wie für den ersten pädagogischen Halbtag. Das Training umfasst je nach Schwerpunktsetzung etwa drei Zeitstunden.

Die folgende Übersicht zeigt noch einmal den Verlauf des pädagogischen Halbtags in Phase 4.

Prävention

- **Überprüfung der Zielvereinbarungen**
  - Berichte aus den Kleingruppen
  - gegebenenfalls Neufassung oder Erweiterung der Zielvereinbarungen

Intervention

- **Intensivschulung**
  - Praxisreflexion
  - Vertiefung des bereits eingesetzten Interventionskonzeptes
  - optional Vermittlung eines weiteren Interventionskonzeptes
  - Einüben von Methoden für die Arbeit mit Klassen und Schülergruppen

Abb. 17: Struktur des zweiten pädagogischen Halbtags

4.9 Phase 5: Umsetzung im Schulbetrieb

In Phase 5 werden die Zielvereinbarungen weiter umgesetzt; es erfolgt eine Konsolidierung der gewaltpräventiven und -interventiven Arbeit. Je nach Grad der Gewaltproblematik einer Schule kann diese Phase wenige Monate oder bis zu zwei Jahre dauern.

Die Sitzungen der Steuergruppe können in Häufigkeit und Dauer reduziert werden, denn alle Tätigkeiten der Kleingruppen sollten nun Routine im Schulalltag geworden sein.

Da zu diesem Zeitpunkt bereits sehr detaillierte und auf die jeweilige Schule passgenaue Zielvereinbarungen umgesetzt werden, lassen sich für diese Phase keine konkreteren Vorgaben mehr machen.

5. Arbeit in Kleingruppen – Aufgaben und Zusammensetzung

5.1 Einführung

9

Prävention an Schulen bedeutet nach meinem Konzept das Abarbeiten eines Katalogs von Arbeitsaufträgen. Wie schon auf S. 9 beschrieben, habe ich die Aufgaben in kleine, für sich jeweils leicht zu bewältigende Teilbereiche getrennt.

Es hat sich im Prozess der Konzeptentwicklung ergeben und in der Praxis gut bewährt, sechs **Basisthemen** vorzugeben. Sicherlich wird es Schulen geben, in denen einige der Arbeitsfelder bereits intensiv bearbeitet werden, oder andere, die zusätzliche Arbeitsfelder benötigen. Anpassungen an solche spezifischen Bedarfe sind nicht nur »erlaubt«, sondern sogar erwünscht, da gerade diese Passgenauigkeit in der Planung und Durchführung die Nachhaltigkeit gewährleistet.

Die sechs Arbeitsgruppen beschäftigen sich mit den in Tabelle 5 aufgelisteten Themenbereichen.

In den folgenden Kapiteln beschreibe ich die Aufgaben dieser sechs Präventionsgruppen im Detail. Dabei ist jedem Thema die Liste der erforderlichen Materialien vorangestellt. Die bereits vorgegebenen Arbeitsfelder sind nach einem einheitlichen **Muster** strukturiert, das auch für andere schulspezifische Schwerpunkte genutzt werden kann:

- Zuerst nennt die Überschrift den **Themenbereich** der Arbeitsgruppe.
- 13 Danach werden alle **Fragestellungen** detailliert beschrieben. Wie bereits auf S. 13 erwähnt, gibt es für diese Arbeitsaufträge umfangreiche **Materialien**, sodass die Gruppenmitglieder zügig und ergebnisorientiert vorgehen können.
- Entscheidend für die Fortführung der begonnenen Präventionsarbeit in jeder Gruppe ist immer die Benennung von **Verantwortlichen**, die durch ihre Ausbildung, Befähigung oder Funktion dafür besonders geeignet sind.
- Alle **Ergebnisse** der sechs Präventionsgruppen werden im Arbeitsprozess schriftlich fixiert. Die verantwortliche Person stellt die Gruppenergebnisse am Ende der Arbeitsphase dem Plenum vor.

Gruppe	Themenfeld	Kurze Beschreibung
A	Hilfestrukturen aufbauen	• wie Gewaltopfer Kontakt zu verantwortlichen Lehrkräften herstellen können • Netzwerk externer Unterstützer erstellen
B	Fragebogenaktion planen und durchführen	• Fragebogen formulieren • Umsetzung organisieren
C	Anti-Mobbing-Vereinbarung formulieren	• Vereinbarung formulieren • Umsetzung organisieren
D	Maßnahmenkatalog erstellen	• Konsequenzen für unterschiedliche Gewaltvorfälle formulieren
E	Gestaltung des Schulgebäudes	• Verbesserungsstellen identifizieren • Umsetzung und Beteiligte organisieren
F	Steuergruppe bzw. Arbeitskreis installieren	• Personen benennen • bestehende Maßnahmen der Schule im Bereich der Prävention prüfen

Tab. 5: Aufgaben in den Präventionskleingruppen

Arbeitsgruppen und Plenum bestehen nicht nur aus Lehrkräften, sondern auch aus Vertretern der Eltern- und Schülerschaft sowie den weiteren schon auf S. 47 benannten Personen. Welche Lehrkräfte aufgrund ihrer Kompetenzen am besten in welche **Gruppe** passen, kann auf unterschiedlichem Wege entschieden werden: 47

- Die Schulleitung bestimmt die Gruppenmitglieder allein.
- Die Schulleitung bestimmt die Personen gemeinsam mit dem Lehrerrat.
- Die Listen werden ausgehängt, und die Lehrkräfte tragen sich selbstständig ein, Schulleitung und Lehrerrat füllen die Listen nach Rücksprache auf.

Tabelle 6 gibt einige **Empfehlungen**, welche Lehrkräfte nach meiner Erfahrung für welche Gruppen gut geeignet sind. Gleichzeitig werden auch weitere Personen zugeordnet, die an den Kleingruppen mitwirken sollten.

Gruppe	Besonders geeignete Unterrichtsfächer und Qualifikationen	Weitere geeignete Personen
A. Hilfestrukturen aufbauen	• Sozialwissenschaften/Politik	• Jugendhilfe • Schulpsychologische Beratung • Schulsozialarbeit • Eltern- und Schülervertreter
B. Fragebogenaktion	• Informatik • Deutsch	• Eltern- und Schülervertreter
C. Anti-Mobbing-Vereinbarung	• Deutsch • Politik	• Eltern- und Schülervertreter
D. Maßnahmenkatalog		• Schülervertreter
E. Gestaltung des Schulgebäudes		• Schulträger • Eltern- und Schülervertreter
F. Arbeitskreis	• Schulleitung oder Vertreter	• Eltern- und Schülervertreter

Tab. 6: Teilnehmer für die Kleingruppen

Lassen Sie sich nicht von der Fülle der Arbeitsaufträge abschrecken: Sie werden beim Durchlesen rasch feststellen, dass die **Materialien** bereits eine Vielzahl von konkreten Lösungsmöglichkeiten enthalten, die von den Gruppenmitgliedern zum Beispiel nur auf ihre Eignung hin geprüft oder in Teilen ergänzt werden müssen.

Um das Kollegium durch die Bearbeitung aller Arbeitsaufträge möglichst wenig zu belasten, ist es empfehlenswert, das Zeitraster so anzulegen, dass die arbeitsintensiven Phasen auf Zeiten fallen, in denen der normale Schulalltag dies zulässt.

Alle Ergebnisse werden auf den als Kopiervorlagen vorliegenden Auftragsbögen **protokolliert**. Die handschriftlichen Notizen sollten nach den Veranstaltungen in Phase 2 und 4 von den Verantwortlichen der Kleingruppen als Datei angelegt werden. Dies trifft vor allem auf die Zielvereinbarungen zu. Die protokollierten Ergebnisse werden in einem speziellen **Ordner** gesammelt, sodass sie jeder Lehrkraft oder anderen beteiligten Personen zugänglich sind. Dies fördert die Transparenz der Vorgänge für alle Beteiligten. Eine Vorlage für einen solchen Protokollbogen finden sie im Anhang auf S. 133 (KV 27) bzw. im Downloadbereich zu diesem Buch (siehe S. 106).

133 106

5.2 Hilfestrukturen aufbauen – Gruppe A

Material:
- Aufgabenübersicht mit Ergebnisfeld (KV 1)
- Erläuterungen zu den Aufgaben (KV 2)
- Liste »Netzwerkadressen« (KV 3)
- Liste »Empfehlenswerte Webseiten« (KV 4)
- Schülerflyer (KV 5)

Wie auch in den Gruppen D–F sollte zu Beginn der eigentlichen Arbeit geklärt werden, wer die **Verantwortung** für den Gruppenauftrag übernehmen kann. Geeignete Lehrkräfte sollten gute Kenntnisse über regionale Beratungsnetzwerke besitzen, insbesondere über die Angebote der freien Jugendhilfeträger (siehe hierzu auch S. 28 ff.). Gruppe A hat drei Arbeitsaufträge:

28 ff.

1. Welche Möglichkeiten/Voraussetzungen müssen geschaffen werden, damit Opfer **anonym Kontakt** mit den Beratungslehrkräften der Schule aufnehmen können?

Wie ich bereits in meinem »Anti-Mobbing-Buch« (Jannan 2010a) dargestellt habe, ist die Kontaktaufnahme mit einem Gewaltopfer eine nicht ganz einfache Angelegenheit. Hier gilt es, die Schwelle möglichst niedrig anzusetzen, sodass sich Kinder und Jugendliche bei Bedarf frühzeitig an die verantwortlichen Lehr- oder Fachkräfte wenden. Voraussetzung für die Kontaktaufnahme ist natürlich eine vertrauensvolle Lehrer-Schüler-Beziehung (siehe S. 25 f.).

25 f.

Häufig ist es sinnvoll, eine **anonyme Kontaktaufnahme** anzubieten, vergleichbar der Telefonseelsorge. So können Opfer von Gewalt oder Schüler/innen mit anderen Problemen sich erst einmal vorinformieren, beispielsweise über

- den **Beratungsverlauf** (z. B.: Wer berät? Was sind die Ziele? Wie erfolgt der persönliche Kontakt?),
- passende **Beratungseinrichtungen** für unterschiedliche Problemlagen (z. B. Erziehungsberatungsstellen, Kinder- und Jugendtherapeuten),
- den an der Schule üblichen **Interventionsverlauf** bei Mobbing (z. B. Trainer-Konzept, No-Blame-Approach).

Die einfachste Methode für die Kontaktaufnahme ist sicherlich der allseits bekannte **Kummerkasten**. Dieser muss so aufgehängt werden, dass Schüler/innen ihn jederzeit problemlos und relativ unbeobachtet erreichen können (z. B. während eines Toilettengangs). Denken Sie daran, welchen Leidensdruck ein Opfer manchmal hat und wie groß die Angst ist, beim Hilfeholen entdeckt zu werden. Natürlich zieht ein solcher Kasten auch immer wieder vermeintlich humorvolle oder sogar beleidigende Schriften an.

Eine elegantere und zudem zur Lebenswelt der Jugendlichen besser passende Möglichkeit bietet das **Internet**. Es hat zudem den Vorteil, dass es 24 Stunden am Tag zur Verfügung steht und ein betroffener Schüler jederzeit und zudem völlig unbeobachtet auch von zu Hause aus Kontakt aufnehmen kann. Wie beim klassischen Kummerkasten wird sicherlich auch hier manch unnötiger Kommentar landen. Das sollte jedoch kein grundsätzliches Hemmnis sein, diesen neuen Kommunikationsweg zu nutzen.

Schulen müssen einen solchen »elektronischen Kummerkasten« nicht selbst programmieren. Unter www.kummr.de kann jede Schule nach kostenloser Registrierung ihren eigenen Kummerkasten einrichten.[11] Ein wesentlicher Vorteil dieser Webseite sind der einfache Aufbau und die verständlichen Anleitungen, sodass sie auch für jüngere Schüler gut geeignet ist. Abbildung 18 und 19 zeigen beispielhaft den Aufbau der Seite.

Mir sind auch Schulen bekannt, an denen Schulsozialarbeiter ein **Handy** besitzen, das zu einer ganz bestimmten Tageszeit ausschließlich für Problemfälle für die Kontaktaufnahme oder Beratung auf Empfang ist. Ein so weitgehender Service ist von Lehrkräften im Schulalltag jedoch nicht zu leisten.

An diesem Arbeitsauftrag wird besonders deutlich, warum Präventionsprogramme nicht wie Rezepte funktionieren können: Welche der beschriebenen Methoden der Kontaktaufnahme von der Arbeitsgruppe ausgewählt werden, hängt allein von den konkret an dieser Schule vorliegenden Bedingungen ab. Und diese Bedingungen kennen die Lehr- und Fachkräfte vor Ort am besten.

---

11 Mein Dank gilt hier insbesondere Herrn Karsten Müller vom Genoveva-Gymnasium in Köln, der die Idee lieferte, und Herrn Sten Grüner, der sie schließlich umsetzte. Die Webseite wird tatsächlich ohne »e« geschrieben, da diese Domain bereits an ein Unternehmen vergeben ist.

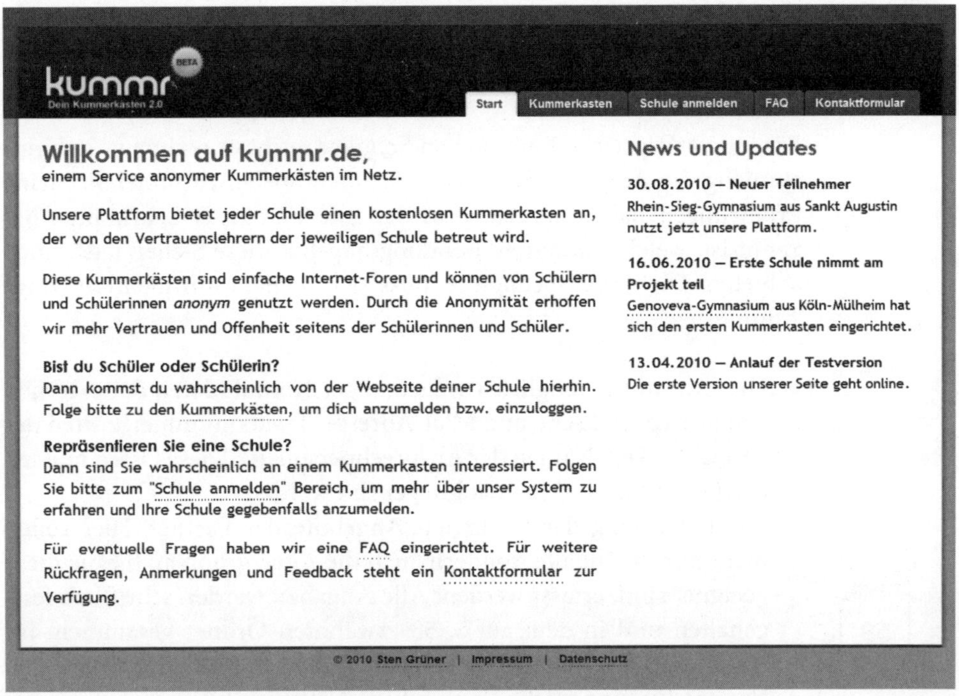

Abb. 18: Startseite der Webseite www.kummr.de mit kurzer Anleitung

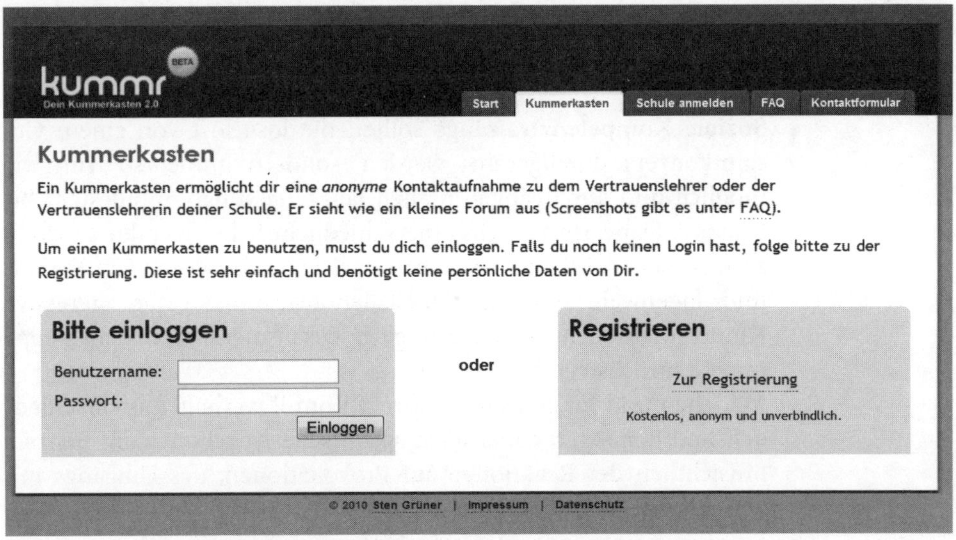

Abb. 19: Login- bzw. Registrierungsseite der Webseite www.kummr.de

2. Welche **externen Ansprechpartner** sollen in die Prävention und Intervention aktiv mit einbezogen werden?

Für eine erfolgreiche Beratung an Schulen reicht es nicht aus, sich nur einmalig die Adressen der entsprechenden Stellen zu notieren. Meine Erfahrungen haben gezeigt, dass den allerwenigsten Lehrkräften bekannt ist, welches konkrete Beratungsangebot diese Stellen tatsächlich anbieten. Die Arbeitsgruppe A muss sich folglich um mehrere Dinge kümmern:

- Die Ermittlung möglichst vollständiger **Kontaktdaten** der externen Akteure (postalische und Mail-Adresse, Telefonnummer, Zeiten der Erreichbarkeit, Namen der Ansprechpersonen). Diese Daten müssen jährlich auf ihre Aktualität hin geprüft werden.
- Die Ermittlung der konkreten **Angebote** der Partner. Hier sollen nicht nur die Inhalte, sondern auch die Altersgruppen, für die diese geeignet sind, erfasst werden. Alle Angaben werden schriftlich festgehalten und in dem auf S. 58 erwähnten Ordner gesammelt. Im Anhang und im Downloadbereich zu diesem Buch finden Sie eine Vorlage für eine solche Kontaktliste. Natürlich können auch bereits vorhandene Erfassungssysteme dafür genutzt werden (z. B. in Nordrhein-Westfalen die Notfallordner der Kriseninterventionsteams).

58

Wie wichtig eine genaue Kenntnis über die Angebote externer Akteure ist, möchte ich an den folgenden Beispielen aufzeigen:

- **Soziale Kompetenztrainings** sollten nie losgelöst von einem Gesamtkonzept durchgeführt werden, sondern immer so früh wie möglich und durchgängig in allen Jahrgangsstufen, mindestens bis Klasse 8. Dabei sind jeweils unterschiedliche Schwerpunkte sinnvoll, zum Beispiel Stärkung des Selbstvertrauens, Förderung von Fremd- und Eigenwahrnehmung, Deeskalationstechniken für aggressive Kinder, Methoden zur Steigerung des Zusammenhalts in der Gruppe und Gesprächsregeln.
- **Mädchen und Jungen** sind in ihrem Konfliktverhalten unterschiedlich und benötigen daher auch spezifische Angebote, zum Beispiel hinsichtlich der Reaktionen auf Provokationen, des Umgangs mit Sprache oder mit Sexualität.
- Einzelgespräche mit **Mobbing-Opfern** und deren Eltern müssen nicht zwangsläufig von Lehrkräften geleistet werden. Gerade wenn ein Kind bereits traumatisiert ist, sind professionelle Hilfen erforder-

lich, zum Beispiel durch Kinder- und Jugendtherapeuten oder Schulpsychologen.

- Gegebenenfalls sind auch Einzelgespräche mit **Mobbing-Tätern** und deren Eltern erforderlich.
- In bestimmten Fällen können **Gruppengespräche** mit Mobbing-Opfern oder Kindern, bei denen ein erhöhtes Risiko besteht, sinnvoll sein.[12]
- Zum sicheren Umgang mit **modernen Medien** und Kommunikationsmitteln ist Aufklärungsarbeit durch Profis erforderlich.[13]
- Die Angebote können bestehende Lücken im schulinternen Curriculum der Gewaltprävention füllen (siehe Tabelle 9 auf S. 80).

80

In Phase 2 ist es durchaus sinnvoll, für den Bereich der öffentlichen und freien **Jugendhilfe** Vertreter einzuladen, die anschaulich und verständlich ihre Arbeitsfelder beschreiben. Hier herrscht auch in der Lehrerschaft noch große Unkenntnis. Geeignete Ansprechpersonen sind aber auch die Schulpsychologen der Schulberatung. Um die Arbeit der Kleingruppe zu erleichtern, sind im Material die folgenden Anbieter vorgegeben:

- Schulpsychologie
- Polizei
- öffentliche und freie Jugendhilfe
- Beratungsstellen
- Kinder- und Jugendtherapeuten
- Bezirksregierung
- Landesmedienanstalt

Für Schüler/innen sollte man zusätzlich eine Liste von **Webseiten** erstellen, auf denen sie weitere Informationen zu ihrem Problem erhalten oder auf denen sie sich mit Gleichaltrigen austauschen können. Tabelle 7 nennt einige Beispiele für geeignete Webseiten.

---

12 Ein Beispiel hierfür ist das Projekt »Sei Stark und nicht gemein« von Bernd Hellbusch (www.lagjungenarbeit.de/projekte_mobbing.php).

13 Ansprechpartner sind hier vor allem die Landesmedienanstalten.

Webseite	Beschreibung
www.klicksafe.de	Deutschlandweit sicherlich die beste Webseite zur Beratung für Problemfälle im Cyberspace. Es werden vielfältige Materialien für Lehrkräfte angeboten.
www.handysektor.de	Informative Seite rund um das Thema Handy (Gewalt, Porno, Kostenfalle, Datenschutz etc.).
www.schueler-gegen-mobbing.de	Von einem ehemaligen Mobbing-Opfer gegründete und bundesweit ausgezeichnete Seite. Sehr »schülerfreundlich«, mit einer Vielzahl von Beratungsmöglichkeiten.
www.time4teens.de	Neben Informationen zu Mobbing gibt diese Seite der Polizei auch Hilfen zu anderen Problembereichen.
www.schueler-mobbing.de	Eine der größten Internetseiten zum Thema mit vielen Möglichkeiten, die sich zum Teil erst nach einigem Suchen finden lassen.
www.internet-abc.de	Gibt unter anderem einfach formulierte und trotzdem präzise Erklärungen zu allen Begriffen rund ums Thema Internet. Neben der reinen Kinderseite gibt es auch spezielle Eltern- und Pädagogenbereiche.
www.medienbildung.com	In Rheinland-Pfalz verortetes Projekt zum Einsatz von Handys im Unterricht.

Tab. 7: Empfehlenswerte Webseiten für Schüler/innen

3. Wie sollen diese Möglichkeiten den Schüler/innen und Eltern **bekannt gemacht** werden?

Am Ende des ersten pädagogischen Halbtags in Phase 2 werden die Mitglieder der Arbeitsgruppe A einen guten Überblick über die Hilfestrukturen haben, den sie im Plenum weitergeben können. Dem Rest der Beteiligten sind diese Strukturen jedoch nicht bekannt. Es ist also unerlässlich, dass sich die Gruppe auch Gedanken darüber macht, auf welchem Weg die Informationen verbreitet werden können. Dafür sollten sinnvollerweise bereits bestehende Strukturen der Schule genutzt werden:

- Die Informationen können den Schüler/innen über eine **Schulhomepage** zur Kenntnis gebracht werden.

- Gegebenenfalls kann auch ein **Flyer** dafür genutzt werden. Im Anhang und im Downloadbereich zu diesem Buch finden Sie eine Vorlage für ein solches Informationsblatt, das Sie nach den spezifischen Bedarfen Ihrer Schule umgestalten können.
- Eltern können im Rahmen der **Klassenpflegschaften**, bei weiterführenden Schulen im Rahmen der Informationsabende informiert werden.

Auch hier wird wieder deutlich, wie entscheidend die Kenntnisse über die an der eigenen Schule vorhandenen Möglichkeiten sind, um den Arbeitsauftrag passgenau umzusetzen. In Abbildung 20 sind alle Aufgaben dieser sehr wichtigen Gruppe noch einmal kurz dargestellt.

Kontaktaufnahme mit Gewaltopfern strukturieren

externe Unterstützer ermitteln (z.B. Kontaktdaten, Angebote)

Hilfreiche Webseiten ermitteln

alle Hilfestrukturen der Schulgemeinschaft transparent machen

Abb. 20: Übersicht Hilfestrukturen

Je nach Größe des Kollegiums bietet es sich an, den letzten Arbeitsauftrag in einer weiteren Kleingruppe zu bearbeiten. Der Arbeitsumfang der Gruppe wird dadurch spürbar vermindert.

5.3 Fragebogenaktion – Gruppe B

Material:
- Aufgabenübersicht mit Ergebnisfeld (KV 6)
- Erläuterungen zu den Aufgaben (KV 7)
- Musterfragebogen (KV 8)

Schule ist ein komplexes System, in dem viele Menschen in verschiedenen Funktionen und Positionen tätig sind. Damit Prävention **zielgerichtet** stattfinden kann, ist eine Erhebung des Ist-Stands unter Berücksichtigung der verschiedenen Blickwinkel dieser Personen unerlässlich.

> Wer nicht weiß, wo er steht, kann auch nicht entscheiden, in welche **Richtung** er gehen soll!

Eine solche Analyse ermöglicht im weiteren Verlauf der Präventionsarbeit zusätzlich eine **Überprüfung** der eingesetzten Handlungskonzepte. Je nach Design der Erhebung kann die Wirksamkeit an bestimmte Fragekategorien angebunden werden. Wird beispielsweise nach der Art der Schikanen unter den Schüler/innen gefragt und eine Umfrage ergibt, dass »beleidigen« am häufigsten genannt wird, so sollte eine Präventionsmethode ausgewählt werden, die die Häufigkeit dieser Handlungen pro Schüler nach einem Schuljahr vermindert hat.

Die Analyse des Ist-Stands will gründlich überlegt sein, denn auf ihr basieren alle weiteren Schritte. Wer hier einen Fehler begeht, zieht möglicherweise nach Jahren fruchtloser Arbeit das frustrierte Fazit: »Präventionsarbeit bringt nichts!«

Gruppe B hat vier Arbeitsaufträge:

> 1. Welche **Fragen** soll ein Fragebogen zur Erhebung der Mobbing-Problematik an der Schule enthalten?

Je nach Schule oder Schulform sind ganz unterschiedliche Schwerpunkte oder Formulierungen in der Fragestellung sinnvoll. Fragebögen liefern die erforderlichen Informationen mit vertretbarem zeitlichen und personellen Aufwand. Ich verwende einen eher einfachen Fragebogen als Ausgangspunkt für die Überlegungen der Gruppenmitglieder. Die Analyse des Ist-Stands sollte in jedem Fall die in Tabelle 8 beschriebenen **Daten** liefern.

Bitte beachten Sie, dass alle Fragen auf einen **begrenzten Zeitraum** bezogen sein müssen (z.B. auf das aktuelle Schuljahr), um eine Vergleichbarkeit der erhobenen Daten zu ermöglichen. Ein Schüler in der fünften Klasse wird beispielsweise nur einen Bruchteil der Schikanen im Vergleich zu einem Schüler in der neunten Klasse berichten können, wenn die entsprechende Frage zeitlich nicht eingegrenzt ist.

In Grundschulen kann man bei der Befragung die Fragen gemeinsam mit den Schüler/innen durchsprechen oder sie vorlesen. Bei bestimmten Förderschultypen ist es beispielsweise sinnvoll, die Fragen mit Bildern zu demonstrieren.

Datenmaterial	Erkenntnisse
Anzahl Übergriffe pro Schüler/in gesamt	Berechnung des Schulindikatorwerts[14]
Anzahl Übergriffe pro Schüler/in pro Jahrgangsstufe	Identifizierung von Jahrgangsstufen, in denen besonders häufig bzw. weniger häufig Gewalt vorkommt
Anzahl Übergriffe pro Schüler/in pro Klasse	Identifizierung von Klassen, in denen besonders häufig bzw. weniger häufig Gewalt vorkommt, sowie Berechnung des Klassenindikatorwerts
Anzahl von Jungen oder Mädchen als Opfer	Hinweise auf geschlechtsspezifische Besonderheiten in Jahrgangsstufen oder Klassen
Anzahl von Jungen oder Mädchen als Täter	Hinweise auf geschlechtsspezifische Besonderheiten in Jahrgangsstufen oder Klassen und damit z. B. auf jeweils passende Methoden
häufigste Gewaltform	wichtig für die Auswahl geeigneter Interventionskonzepte
wichtigste Unterstützerperson	• Welche Lehrkräfte sind besonders prädestiniert für Interventionsarbeit? • Gibt es Schüler/innen, die möglicherweise besondere Fähigkeiten haben? Wenn ja: Welche sind dies, und wie könnte man andere Schüler/innen dahingehend schulen?

Tab. 8: Befragungsergebnisse und Beispiele für Erkenntnisse, die man daraus ziehen kann

Es gibt spezielle Konzepte wie das Freiburger Anti-Mobbing-Konzept von Heinzelmann-Arnold (2011), die die Zahlenwerte für die Umsetzung des Präventionsansatzes benötigen. Ergibt eine Umfrage beispielsweise, dass in einer Klasse deutlich mehr Schikanen erfolgen als im Schulmittel, kann man dies als Motivationsauslöser für die Schüler/innen verwenden, das eigene Verhalten zu ändern. Die Klassennorm ändert sich also hin zu einem besseren Miteinander, man möchte den anderen beweisen: »Wir können auch besser!«

---

14 Die Begriffe »Schulindikatorwert« und »Klassenindikatorwert« beziehen sich auf das Interventionskonzept von Heinzelmann-Arnold (2011). Diese Zahlenwerte geben den Durchschnitt der Schikanen pro Schüler/in an einer Schule bzw. in einer Klasse an.

> 2. Wie und von welcher Personengruppe sollen die **Durchführung** und **Auswertung** vorgenommen werden?

Für die Bestimmung des Ist-Stands an einer Schule eignet sich am besten ein **Fragebogen** (Marées/Petermann 2008, S. 163). Ich empfehle dringend, eine solche Befragung, wo irgend möglich und sinnvoll, elektronisch durchzuführen, da dies eine deutliche Entlastung für die Lehrkräfte bedeutet. Hierzu wird ein Fragebogen digitalisiert und entweder auf dem Schulserver oder auf dem Server eines externen Anbieters hinterlegt. Damit jede Schülerin und jeder Schüler den Fragebogen nur einmal ausfüllen kann, ist eine Kennwortabfrage vor dem Download erforderlich. So kann sich jeder Schüler auf der Homepage einloggen, den Fragebogen dort ausfüllen und per Mausklick abschicken. Die **Auswertung** erfolgt dann automatisch über das Umfrageprogramm oder nach dem Datenexport zum Beispiel über Excel.

Solche Fragebögen lassen sich beispielsweise mit dem Programm GrafStat erstellen. GrafStat kann von Schulen nach kostenloser Registrierung von der Webseite www.grafstat.de heruntergeladen werden und ist empfehlenswert für statistische Erhebungen aller Art. Weitere

135

alternative Umfrageprogramme sind im Anhang auf S. 135 beschrieben. Diese sind jedoch in der Regel kostenpflichtig.

106

Ein Modell für einen solchen auf GrafStat basierenden Fragebogen finden Sie im Downloadbereich zu diesem Buch (siehe S. 106). Abbildung 21 zeigt einen Teil eines mit GrafStat erstellten Fragebogens.

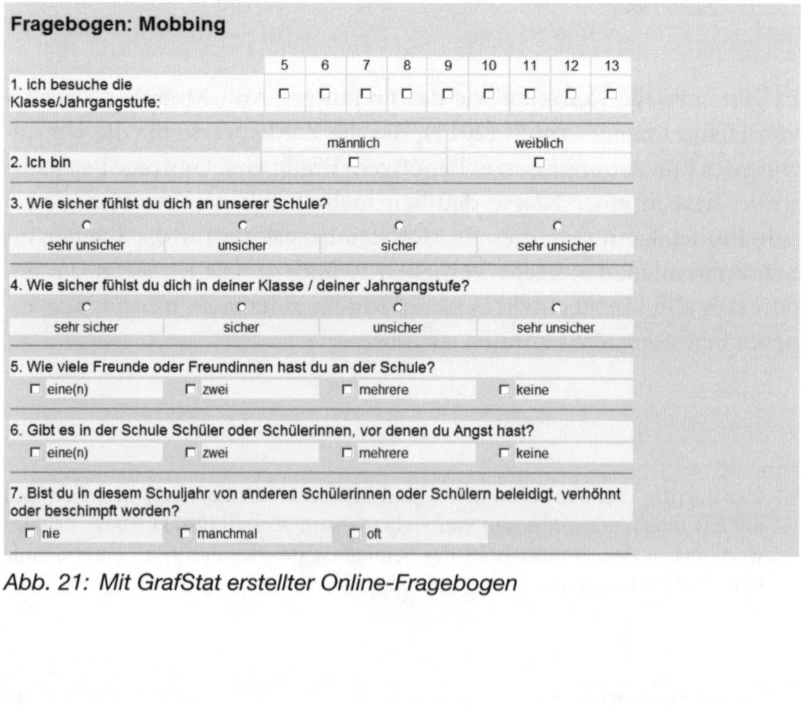

Fragebogen: Mobbing

1. Ich besuche die Klasse/Jahrgangstufe: ☐ 5 ☐ 6 ☐ 7 ☐ 8 ☐ 9 ☐ 10 ☐ 11 ☐ 12 ☐ 13

2. Ich bin ☐ männlich ☐ weiblich

3. Wie sicher fühlst du dich an unserer Schule?
○ sehr unsicher ○ unsicher ○ sicher ○ sehr unsicher

4. Wie sicher fühlst du dich in deiner Klasse / deiner Jahrgangstufe?
○ sehr sicher ○ sicher ○ unsicher ○ sehr unsicher

5. Wie viele Freunde oder Freundinnen hast du an der Schule?
☐ eine(n) ☐ zwei ☐ mehrere ☐ keine

6. Gibt es in der Schule Schüler oder Schülerinnen, vor denen du Angst hast?
☐ eine(n) ☐ zwei ☐ mehrere ☐ keine

7. Bist du in diesem Schuljahr von anderen Schülerinnen oder Schülern beleidigt, verhöhnt oder beschimpft worden?
☐ nie ☐ manchmal ☐ oft

Abb. 21: Mit GrafStat erstellter Online-Fragebogen

	A	B	C	D	E	F	G	H
1	Klasse	Geschlecht	Frage 5: Beschimpfungen			Frage 11: Körperliche Angriffe		
2			nie	manchmal	oft	nie	manchmal	oft
3	5	m		1				1
4	5	m		1				1
5	5	w					1	
6	5	m	1		1			1
7	5	w	1			1		
8	6	w			1	1		
9	6	m		1				1
10	6	m	1					1
11	6	w			1	1		
12	6	w			1	1		
13	7	w			1	1		
14	7	w		1			1	
15	7	m	1			1		
16	7	m		1		1		
17	8	m	1				1	
18	8	w		1		1		
19	8	m	1				1	
20	9	w		1		1		
21	9	w	1			1		
22	9	m		1			1	
23	9	m	1				1	

Abb. 22: Beispiel für Grunddaten einer Schülerbefragung zum Thema Mobbing

Ist das Design des Fragebogens gut, so können die gewonnenen Daten automatisch nach den auf S. 67 genannten Gesichtspunkten gefiltert werden. Abbildung 22 zeigt exemplarisch, dass die Grunddaten bereits bei der geringen Erhebungszahl von 22 Schülern nicht sehr übersichtlich sind. Die Fragennummerierung bezieht sich auf meinen Musterfragebogen.

67

A

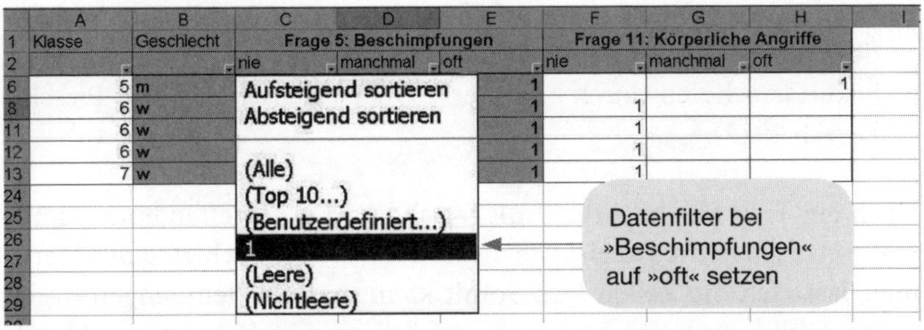

B

	A	B	C	D	E	F	G	H
1	Klasse	Geschlecht	Frage 5: Beschimpfungen			Frage 11: Körperliche Angriffe		
2			nie	manchmal	oft	nie	manchmal	oft
3	5	m		1				1
4	5	m		1				1
6	5	m	1		1			1
9	6	m		1				1
10	6	m	1					1
24								
25								

Abb. 23: Datenfilterung zu »Beschimpfungen« (A) und »Körperlichen Angriffen« (B)

Durch das Setzen von **Datenfiltern** in der Excel-Liste[15] lassen sich die gewünschten Angaben jedoch aus der gesamten Datenmenge extrahieren, hier zum Beispiel diejenigen Schüler, die oft beschimpft worden sind.

Man erkennt durch die Datenfilterung zum Beispiel sehr schnell, in welchen Klassen welche Probleme am dringendsten gelöst werden müssen. Im vorliegenden Beispiel wird klar, dass vor allem Schülerinnen der Klassen 6 unter Beschimpfungen leiden, während bei männlichen Schülern körperliche Angriffe schwerpunktmäßig in den Klassen 5 und 6 vorkommen. Damit besteht nun die Möglichkeit, wesentlich passgenauer auf Problemfälle zu reagieren als mit einer pauschalen Vorgehensweise. Hierzu noch drei **Beispiele**:

- Sind in einer Klasse insgesamt viele Schikanen festzustellen, sollte die Klassenleitung das **Klassenklima** verbessern, anstatt gegen einzelne Gewaltformen vorzugehen. Dies kann unter anderem mit einem Programm (z. B. dem auf S. 67 genannten Freiburger Anti-Mobbing-Konzept von Heinzelmann-Arnold) geschehen oder durch gezielte erlebnispädagogische Unternehmungen in Zusammenarbeit mit einem Jugendhilfeträger. 67
- Ergibt die Umfrage jedoch, dass **Mobbing** die häufigste Gewaltform in einer Klasse ist, muss die Klassenleitung das Opfer ausfindig machen und mit einer Mobbing-Intervention reagieren.
- In Jahrgangsstufen, in denen häufiger Übergriffe im **Cyberspace** vorkommen, muss eine Schulung über die Gefahren im Web sowie zu den juristischen Aspekten erfolgen (z. B. durch Fachkräfte der Landesmedienanstalten, durch Präventionsbeamte der Polizei oder an Sekundarschulen durch engagierte Oberstufenschüler; vgl. Pieschl/Porsch 2012).

Noch ein Tipp für die Arbeit mit Excel: Für das Zutreffen eines Merkmals setze ich in die Excel-Liste die Zahl Eins. Beim Fehlen eines Merkmals lasse ich die Zellen leer. Somit kann man Spaltenmengen durch Summenbildung leicht berechnen und diese zum Beispiel für Mittelwertsbestimmung nutzen.

Wer die Umfrage durchführt, ist unter anderem davon abhängig, ob dies auf schriftlichem oder elektronischem Weg erfolgen soll. Das Gleiche gilt auch für die Auswertung. Hier bietet sich die Möglichkeit, computerinteressierte Schüler/innen einzubeziehen, zum Beispiel in Informatikkursen oder Arbeitsgemeinschaften. Je mehr Personengruppen

---

15 Bitte informieren Sie sich gegebenenfalls in der einschlägigen Fachliteratur über das Arbeiten mit Datenfiltern in Excel.

am Prozess beteiligt sind, desto höher die Identifikation mit der Gewalt ablehnenden Ausrichtung innerhalb der Schule.

3. Sollen alle **Jahrgangsstufen** befragt werden? Wenn nein: Welche werden ausgewählt mit welcher Begründung?

Die Befragung aller Schüler/innen bei sehr großen Schulen mag manchmal davon abhalten, alle Jahrgangsstufen auf einmal abzufragen. In solchen Fällen bietet es sich an, die Fragebogenaktion auf die besonders gefährdeten Jahrgangsstufen (bis einschließlich 9. Klasse) zu beschränken.

Wenn die Fragebogenaktion für den Beginn eines neuen Schuljahres geplant wird, macht es keinen Sinn, die Schüler/innen der neuen Klassen zu befragen, auch dies stellt ein sinnvolles Auswahlkriterium dar.

Je nach Schule können auch andere Bedingungen zu einer Einschränkung der Zielgruppe führen.

4. Wie sollen das Kollegium, die Eltern und die Schüler/innen über **Ergebnisse** informiert werden?

Im Sinne bestmöglicher Transparenz und Partizipation müssen die Ergebnisse allen an Schule Beteiligten **bekannt gemacht** werden. Dies kann auf unterschiedlichem Wege geschehen:

- Schulleitung und Schülervertreter gestalten einen Elternabend.
- Eltern können darüber hinaus durch einen Brief kurz informiert werden.
- Die Schülervertreter organisieren zusammen mit den Verbindungs- bzw. Vertrauenslehrkräften eine Schülervollversammlung oder mehrere Schülerteilversammlungen.
- Ergänzend sind immer auch Flyer geeignet.
- Alle Ergebnisse können in kurzer Form auf der Homepage dargestellt werden.
- Diese Darstellung kann auch in einer Schülerzeitung erfolgen, sofern vorhanden.

Die Themen sind teilweise deckungsgleich mit denen der Kleingruppe A. Dies ist durchaus erwünscht, da so aus anderer Sichtweise neue Ideen entstehen können. Das Zusammentragen aller Vorschläge erfolgt dann im Plenum. Die Kleingruppe F stellt in den folgenden Monaten zudem das Forum dar, in dem ein intensiver Austausch und schlussendlich die Prüfung auf Umsetzbarkeit hin erfolgt.

5.4 Anti-Mobbing-Vereinbarung – Gruppe C

Material:
- Aufgabenübersicht mit Ergebnisfeld (KV 9)
- Erläuterungen zu den Aufgaben (KV 10)
- Anti-Mobbing-Vereinbarungen verschiedener Schulformen (KV 11 und 12)

Forschungsergebnisse haben gezeigt, dass das gemeinsame Erarbeiten von Regeln oder Grundwerten durch alle Beteiligten nachweisbar positive Effekte an Schulen hat. Gleiches bewirkt die Übertragung von Verantwortung auf möglichst viele Beteiligte im schulischen Kontext (Robertz/Wickenhäuser 2010, S. 134). Die Formulierung einer Vereinbarung gegen Mobbing ist eine geeignete Möglichkeit, um die geforderte **Partizipation** umzusetzen.

Gruppe C beschäftigt sich inhaltlich mit folgenden drei Aufträgen:

1. Formulieren Sie bitte auf der Basis der vorliegenden Beispiele einen **Entwurf** für eine Anti-Mobbing-Vereinbarung.

Ich habe die Anti-Mobbing-Vereinbarungen verschiedener **Schulformen** gesichtet und geeignete Beispiele als Vorlagen ausgewählt.[16] Dieser Teil des Arbeitsauftrags ist dadurch erfahrungsgemäß sehr einfach zu erledigen. Kreative Lösungen erfordert zum Beispiel die Schülerklientel an Förderschulen für Lernen. Dort können die Vereinbarungen beispielsweise durch Piktogramme oder Bilder veranschaulicht werden.

Grundsätzlich sollten bei der Formulierung der Vereinbarung drei Aspekte beachtet werden:

- **Weniger Regeln** sind leichter einzuhalten als viele. Zum Teil ergänzen solche Vereinbarungen auch bereits bestehende Schulregeln. Fassen Sie sich also möglichst kurz.
- Die Verwendung der **Wir- oder Ich-Form** in der Formulierung fördert die Identifikation.

16 Mein Dank an die folgenden Schulen für das Zur-Verfügung-Stellen ihrer Vereinbarungen: Realschule Wuppertal-Vohwinkel, Gymnasium Hohenlimburg.

- Vermeiden Sie **negative Formulierungen** (»Wir wollen nicht …«), da diese lernpsychologisch häufig »überlesen« werden.

Für Regelverstöße müssen konkrete Konsequenzen festgelegt werden. Mit diesem Thema beschäftigt sich Kleingruppe D.

> 2. In welchen **Jahrgangsstufen** soll mit der Installation der Anti-Mobbing-Vereinbarung begonnen werden? Bitte begründen Sie Ihre Auswahl, um mögliche Diskussionen zu verkürzen.

Bei Schulen mit hoher Schülerzahl ist es durchaus denkbar, eine Anti-Mobbing-Vereinbarung erst in den unteren Klassen einzuführen und sie dann nach oben hin »durchwachsen« zu lassen. Die Gründe hierfür entsprechen denen der Kleingruppe B (S. 71 f.).

71 f.

> 3. Ab welchem **Schuljahr** soll die Anti-Mobbing-Vereinbarung installiert werden?

41

Wie schon auf S. 41 beschrieben, sieht ein Zeitraster das allmähliche Abarbeiten verschiedener Zielvereinbarungen vor. Findet der erste pädagogische Halbtag spät im Schuljahr statt, kann es mit Blick auf die erforderliche Abstimmung in den schulischen Gremien schwierig werden, die Vereinbarung zu Schuljahresbeginn zu implementieren. In solchen Fällen ist es sinnvoller, die Einführung um ein Jahr zu verschieben, denn überstürzte Aktivitäten im Bereich der Prävention sind nur selten erfolgreich.

5.5 Maßnahmenkatalog – Gruppe D

Material:

- Aufgabenübersicht mit Ergebnisfeld (KV 13)
- Erläuterungen zu den Aufgaben (KV 14)
- Material »Maßnahmenkatalog« (KV 15)
- Tabellarische Übersicht »Maßnahmen zur Ergebnissicherung« (KV 16)

Zur Prävention gehören auch Konzepte, wie man in schwierigen Fällen oder auch mit uneinsichtigen Tätern umgeht. Die Zusammenarbeit mit externen Akteuren ist dabei unerlässlich. Damit die Schule die Angebote dieser Partner möglichst genau kennt, muss im Vorfeld bereits eine

Übersicht erstellt werden, die nicht nur die Kontakte, sondern auch Ansprechpartner und die konkreten Angebote – möglichst bezogen auf die Jahrgangsstufen – enthält. Die inhaltliche Zusammenschau aller Ergebnisse erfolgt in der ersten Sitzung der Kleingruppe F.

Neben den Konzepten soll es jedoch auch für weniger schwerwiegende Regelbrüche konkrete **Maßnahmen** geben. Dieser Auftrag ist nicht immer einfach zu lösen; zwei Probleme gibt es hier:

- Gruppe D hat zu dieser Zeit keine Kenntnis vom Interventionskonzept. Aus diesem Grund muss bereits im Vortrag klar werden, was die Kennzeichen einer guten Intervention sind. Die Parallelarbeit der verschiedenen Gruppen spart in dieser Phase Zeit; man sieht jedoch gerade an diesem Beispiel, wie wichtig im späteren Verlauf ein Austausch zwischen den einzelnen Arbeitsgruppen ist.
- Es besteht die Gefahr, dass die Vorschläge über das Ziel hinausschießen, zum Beispiel wenn entwertende oder beleidigende Maßnahmen angedacht werden. Dem soll durch detaillierte Vorgaben im Material vorgebeugt werden.

Gruppe D hat drei mit einigen Überlegungen verbundene Aufgaben:

1. Welche Maßnahmen sollte ein hierarchisch geordneter Folgenkatalog enthalten?

Die eingeforderten Maßnahmen sollen zwei Zielrichtungen haben:

- Folgen für Mobber oder andere Täter, die die in einer Intervention abgesprochenen Vereinbarungen nicht einhalten.
- Konkrete Maßnahmen für Gewaltformen, bei denen gängige Interventionskonzepte versagen. Hierzu zählen zum Beispiel Erpressung, Waffengewalt und schwere Körperverletzung.

Zum Teil findet man in den gesetzlichen Vorgaben bereits konkrete Empfehlungen (z. B. erzieherische Einwirkungen). In Bundesländern mit Kriseninterventionsteams sollte ein Teil der Aufgaben bereits von den Teammitgliedern abgedeckt werden.

Ein wissenschaftlich gut evaluiertes Instrument für die Erarbeitung eines weitergehenden Maßnahmenkatalogs stellt das **SchoKo-Konzept** dar (Schülerorientiertes Konfliktmanagement; Didam/Mende 2007).[17]

---

17 Eine genaue Beschreibung ist der Quelle im Literaturverzeichnis zu entnehmen.

Das Konzept umfasst im Kern die folgenden Schritte:

- Benennung aller Situationen, die von Lehrkräften als Konflikt empfunden werden,
- Bildung eines gemeinsam abgestimmten Rankings derjenigen Konflikte, in denen Lehrkräfte intervenieren würden,[18]
- Einigung über eine klare Abfolge von Reaktionen auf die häufigsten als Konflikt benannten Situationen (Minimalkonsens).

Durch diese strukturierte Vorgehensweise kann die Entscheidungsfindung in Gruppe D vereinfacht werden. Wichtig ist dabei, dass im zweiten und dritten Schritt auf eine demokratische Abstimmung geachtet wird.

> 2. Formulieren Sie konkrete Beispiele und ordnen Sie diese in einer aufsteigenden Hierarchie.

Alle Maßnahmen sollten, wenn möglich, hierarchisch geordnet sein. So kann man zum Beispiel in der Intervention jederzeit aus einer Eskalationsspirale wieder aussteigen, wenn ein Schüler die Vereinbarungen endlich einhalten sollte. Bei besonders schwerwiegenden Gewaltfällen kann zudem rasch eine passgenaue Maßnahme gewählt werden.

Maßnahmen bedeuten aber nicht nur Konsequenzen für Regelverstöße. Sie sollten auch Verstärker für erwünschtes Verhalten umfassen. Mit diesem Aspekt beschäftigt sich die dritte Aufgabe der Gruppe D:

> 3. Wie könnte Schule sozial angemessenes Verhalten verstärken (»positive Folgen«)? Formulieren Sie konkrete Beispiele.

Wenn Schule neben dem systembedingten Blick auf Fehler auch positive Entwicklungen mehr beachtet, verbessert dies die Lehrer-Schüler-Beziehung und das Schulklima. Um sozial angemessenes Verhalten zu stärken (z. B. Einmischen bei Mobbing, Schlichten von Streitereien, respektvolles Verhalten den Mitmenschen gegenüber), stehen eine Vielzahl von Möglichkeiten zur Verfügung. Welche dieser Verstärker eine Schule einsetzen möchte, ist von der Entscheidung der Beteiligten abhängig.

18 Die von Lehrkräften am häufigsten benannten Konflikttypen: Mobbing, Gewalt von Schülern, bewusste Regelverweigerung, Sachbeschädigung.

Schließlich geht es auch bei den Ergebnissen von Gruppe D darum, die Maßnahmen allen Beteiligten bekannt zu machen. Nur so ist gewährleistet, dass zum Beispiel harte Reaktionen nicht als willkürliche Strafe interpretiert werden. Auch Gruppe A setzt sich mit dem Thema Transparenz auseinander.

5.6 Gestaltung des Schulgebäudes – Gruppe E

Material:
- Aufgabenübersicht mit Ergebnisfeld (KV 17)
- Erläuterungen zu den Aufgaben (KV 18)
- Vorlage »Unterstützerliste Eltern« (KV 19)
- Vorlage »Schülerbefragung« (KV 20)

Studien belegen einen eindeutigen Zusammenhang zwischen der Attraktivität der schulischen Umgebung und der Häufigkeit von Mobbing. Naturgemäß lassen sich Verbesserungen in diesem Bereich nicht immer einfach umsetzen, und dies aus verschiedenen Gründen:

- weil der **Schulträger** kein Geld für weitergehende Umbauten zur Verfügung stellen kann oder will,
- weil es sehr unterschiedliche **Vorstellungen** über die Ausgestaltung des Begriffes »Attraktivität« gibt,
- weil **Partizipation** von allen Beteiligten am Schulleben noch nicht oder zu wenig umgesetzt wird.

Gruppe E hat die drei folgenden Aufgaben abzuarbeiten.

1. Wie können Gebäude und Anlagen auf der Basis einer **Befragung** aller Beteiligten attraktiver gestaltet werden?

Nicht nur Lehrkräfte, sondern auch Schüler/innen haben ganz bestimmte Vorstellungen, wie ein attraktives Schulgebäude gestaltet werden soll. Um diese Vorstellungen konsensfähig zu machen, braucht es eine breite Basis der Meinungsbildung. Am einfachsten geht dies, zumindest an weiterführenden Schulen, über eine schriftliche Befragung. Hier sei noch einmal auf die zeit- und kraftsparende Möglichkeit einer Online-Befragung über das Internet hingewiesen (siehe S. 68).

68

Eine solche Befragung in der Schülerschaft sollte durch die Schüler/innen selbst durchgeführt werden, nach dem Grundsatz »Betroffene zu Beteiligten machen!«. Idealer Organisator hierfür ist die Verbindungs- oder Vertrauenslehrkraft, da sie einen guten Kontakt zu den Schüler/innen hat und Erfahrung mit der Organisation solcher Vorgänge besitzt. Vorlagen für eine solche Befragung sind dem Anhang beigefügt.

Nach dem gleichen Muster können auch die Lehrkräfte befragt werden. Eine Elternbefragung kann beispielsweise im Rahmen von Klassenpflegschaftssitzungen durchgeführt werden.

2. Welche **Eltern** oder Institutionen können mit Know-how oder konkret (kostenlose) Hilfe leisten?

Das Engagement von Eltern im Sinne einer Erziehungspartnerschaft zu fördern ist sicherlich eine nicht immer einfache, aber mit Sicherheit lohnende Aufgabe. Wenn Eltern an der Ausgestaltung des Schullebens mitwirken, hat dies positive Effekte:

- Die Lehrkräfte werden **entlastet**, da sie weniger Aufgaben erledigen müssen.
- Die **Identifikation** mit der Schule steigt auch in der Schülerschaft (und damit sinkt automatisch das Gewaltniveau!).

Für die Erfassung möglicher Unterstützungsleistungen durch Eltern erhält die Gruppe eine entsprechende Liste. Diese kann auch für anstehende Klassenpflegschaftssitzungen genutzt werden, wenn das Thema als Tagesordnungspunkt behandelt wird. Dann werden alle Listen vom Verantwortlichen der Gruppe eingesammelt und abschließend in einer Gesamtübersicht zusammengefasst.

3. Wie können **Schüler/innen** für solch eine Aktion gewonnen werden?

Die Aussicht auf Anerkennung und Wertschätzung ist der wichtigste menschliche Motivator. Wer also Schüler/innen für die Gestaltung der Schulanlage gewinnen möchte, sollte immer daran denken, ihre Beteiligung entsprechend zu würdigen. Dies fängt bereits damit an, die Wünsche der Schüler/innen ernst zu nehmen und sie gemeinsam auf ihre Umsetzbarkeit hin zu prüfen. Hier ist der **Dialog** mit den Erwachsenen von entscheidender Bedeutung. Anreize für eine aktive, auch länger andauernde Mitarbeit gibt es viele, angefangen von einem Projekttag bis hin zur klassischen Hausaufgabenbefreiung.

5.7 Steuergruppe – Gruppe F

Material:
- Aufgabenübersicht mit Ergebnisfeld (KV 21)
- Erläuterungen zu den Aufgaben (KV 22)
- Übersicht »Präventive Maßnahmen« (KV 23)
- Material (KV 24)

Die Steuergruppe hat im Laufe der gewaltpräventiven Arbeit zwei unterschiedliche Zielrichtungen:

- Am ersten pädagogischen Halbtag erstellt sie eine Übersicht über alle Aktivitäten an der Schule, die im weitesten Sinne mit Gewaltprävention zu tun haben. Die Auflistung sollte auch die jeweils Verantwortlichen benennen. Diese **Bestandserhebung** soll im weiteren Verlauf der gewaltpräventiven Arbeit Überschneidungen in den Verantwortlichkeiten verhindern und zu einem ganzheitlichen Beratungskonzept führen (z. B. unter Beachtung von Fachunterricht, Krisenintervention, Beratungslehrkräften und Schulsozialarbeit).
- Im weiteren Verlauf der Umsetzung der Zielvereinbarungen in Phase 3 ist diese Gruppe die Plattform, auf der alle Verantwortlichen der verschiedenen Gruppen ihre Ergebnisse und Arbeitsstände **austauschen**.

Die Einbeziehung der Ergebnisse der Kleingruppe A ist von großer Bedeutung für den gesamten Präventionsprozess. Dort werden die konkreten Ansprechpartner ermittelt, die für die Ausweitung des ganzheitlichen Präventionskonzeptes auf der Basis der Bestandserhebung erforderlich sind.

Insgesamt beschäftigt sich Gruppe F am ersten pädagogischen Halbtag mit den folgenden drei Arbeitsaufträgen:

1. Welche **Personen** sollen Mitglieder des Arbeitskreises bzw. der Steuergruppe sein?

Die Steuergruppe ist am pädagogischen Halbtag der Phase 2 aus anderen Personen zusammengesetzt als im weiteren Arbeitsverlauf. Ab

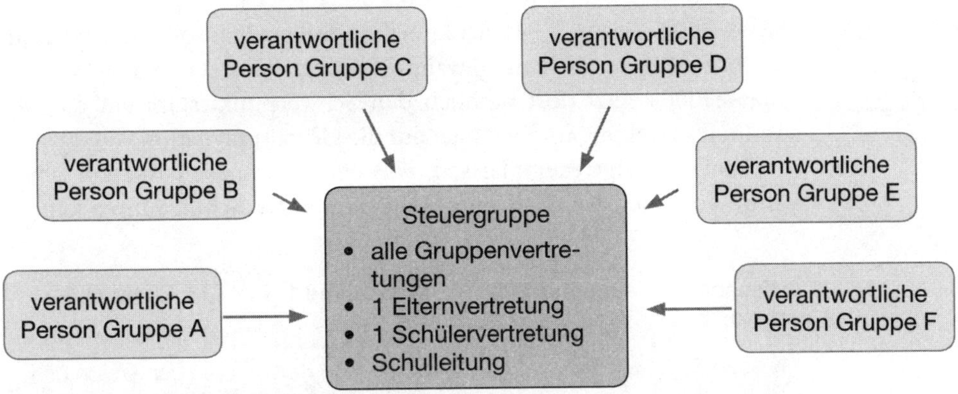

Abb. 24: Zusammensetzung der Steuergruppe »Prävention« nach dem ersten pädagogischen Halbtag

Phase 3 umfasst sie grundsätzlich alle Verantwortlichen der Kleingruppen sowie Eltern- und Schülervertreter (siehe Abb. 24). So ist der eingangs erwähnte inhaltliche Austausch und damit ein abgestimmtes Arbeiten gewährleistet.

Neben den hier aufgezählten Personen kann es aber je nach Schwerpunktsetzung innerhalb der gewaltpräventiven Arbeit oder bestimmten Themenbereichen sinnvoll sein, externe Fachkräfte einzuladen. Dies können beispielsweise die schon mehrfach erwähnten Schulpsychologen, Vertreter der Polizei oder Mitarbeiter der öffentlichen oder freien Jugendhilfe sein.

2. Erstellen Sie als Bestandsanalyse eine **Übersicht** zu allen Maßnahmen im präventiven Bereich an Ihrer Schule!

Wie bereits in Kapitel 4.1 erläutert, ist zu Beginn des Präventionsprozesses eine jahrgangsstufenbezogene Bestandsanalyse aller derzeitigen und geplanten präventiven Maßnahmen erforderlich. Oftmals arbeiten Lehrkräfte in verschiedenen Fächern parallel das gleiche Thema ab (siehe S. 38). Hier ist eine **Abstimmung** der Curricula zu empfehlen. Der Arbeitskreis ist eine wichtige Plattform zum ersten Austausch, später können Teile der Abstimmungsarbeiten zum Beispiel in den Fachkonferenzen erfolgen.

38

Eine Bestandsanalyse kann auch aufzeigen, mit welchen präventiven **Schwerpunkten** Konzepte in Klassen oder Jahrgangsstufen durchgeführt werden. Suchtprävention oder eine Erziehung zu gesunder Lebensweise sind Bausteine, die sich auch in der Gewaltprävention positiv auswirken. Hierzu ein Beispiel: Wenn eine Grundschule das Projekt

94

»Klasse2000« (siehe S. 94) erfolgreich installiert hat, sollte zusätzlich in der ersten Klasse noch ein gewaltpräventiver Baustein ergänzt werden. »Klasse2000« setzt dort nämlich den Schwerpunkt stark auf die Gesundheitserziehung und weniger auf die Gewaltprävention.

Tabelle 9 zeigt exemplarisch, wie eine Bestandsanalyse zur abgestimmten Arbeitsweise an einer weiterführenden Schule führen kann.[19]

Klassenstufe	Fachunterricht	Maßnahme 1	Maßnahme 2
Klasse 5		zweitägige Kennenlernfahrt mit erlebnispädagogischem Teil	in den ersten drei Monaten Klassenleitungsstunden
Klasse 6	Deutsch: Lektüre eines Buches zum Thema »Mobbing«	Klassenfahrt mit erlebnispädagogischem Teil	Informationen an die Eltern über das Mobbing-Interventionskonzept
Klasse 7		Selbstbehauptungstraining für Mädchen	
Klasse 8	• Biologie: Besuch einer Suchtklinik, Aufklärungsveranstaltung zu Drogen mit Polizeibeamten • Religion: Was sagt Gott zu Drogen?	eintägiges Deeskalationstraining in Zusammenarbeit mit freiem Jugendhilfeträger	
Klasse 9			

Tab. 9: Bestandsanalyse gewaltpräventiver Bausteine einer weiterführenden Schule

Die Darstellung liefert eine Fülle von **Informationen** und beweist damit, wie wichtig die Bestandsanalyse ist:

- Es gibt bereits eine Vielzahl präventiver Bausteine, wobei die unteren Klassen noch zu wenig versorgt sind. Eine Ergänzung im **Fachunterricht** ist zu empfehlen.

---

19 Die Übersicht ist auch als Kopiervorlage auf S. 129 zu finden.

- Die **Information** an die Eltern über das Interventionskonzept erfolgt in Klasse 6 eindeutig zu spät. Die Elternabende in Klasse 5 wären hier besser als Plattform geeignet.
- Es stellt sich die Frage, was die Jungen in Klasse 7 machen, während die Mädchen das Selbstbehauptungstraining besuchen. Hier würde sich ein **Jungenprojekt** zum Thema »Rollenfindung« anbieten. Rollensichere Jungen sind seltener auf Gewalt als Konfliktlösungsstrategie angewiesen.
- Der Fachunterricht in Klasse 8 muss besser aufeinander **abgestimmt** werden, zum Beispiel indem das Thema »Drogen« zeitversetzt am Schuljahresanfang bzw. -ende behandelt wird.
- In Klasse 9 gibt es keine präventiven Bausteine. Diese **Lücke** müsste gefüllt werden, zum Beispiel durch ein Projekt zum Thema »Cyberbullying« im Fach Kunst oder Sozialwissenschaften.

3. Welche **Aufgaben** soll der Arbeitskreis in Zukunft konkret erledigen?

Je nachdem, welche Bedarfe ermittelt worden sind, kann die Schule im nächsten Schritt Maßnahmen zur Erfüllung dieser Bedarfe planen. Die folgende Liste zeigt einige Beispiele dafür, welche Maßnahmen Schulen konkret auswählen können:

- Auswahl eines bestimmten **Präventionsprogramms** und gegebenenfalls von Lehrkräften, die darin geschult werden sollen. Eine Übersicht der verbreiteten Programme ist in Kapitel 6.2 ab S. 87 zu finden.
- Auswahl eines geeigneten **Interventionskonzeptes** und Schulung von Lehr- oder Fachkräften bzw. Schulsozialarbeitern. Einige Konzepte sind in meinem »Anti-Mobbing-Buch« (Jannan 2010a, S. 121 ff.) beschrieben.
- Verankerung aller Beschlüsse im **Schulprogramm**.
- Einbeziehen **externer Akteure** in bestimmten Arbeitsbereichen.
- **Erhöhung** der Pausenaufsicht, zum Beispiel gezielt bei bestehenden Mobbing-Problemen in einer Klasse.
- Regelmäßige **Klassenleitungsstunden** (Bannenberg/Rössner 2006, S. 39).
- **Termine** festlegen, wann sich der Arbeitskreis trifft.

87

5.8 Weitere Inhalte

Ich kenne keine zwei Schulen, an denen meine Materialien identisch zum Einsatz gekommen sind. Immer wieder wurden **Sonderwünsche** geäußert, bedingt zum Beispiel durch spezifische Problemlagen oder aufgrund spezieller Vorbedingungen. Die Wünsche waren sehr weit gestreut, wie die folgenden Beispiele zeigen:

- Erstellung eines schulinternen, fächerübergreifenden **Schulcurriculums** zum Thema
- Erstellung einer Sammlung fachspezifischer **Materialien** zum Thema
- Zusammenstellen von **Informationsmaterialien** für Lehrkräfte mit geringen Internetkenntnissen zum Thema »Cyberbullying«
- Planung konkreter **Präventionsprogramme** (z. B. Klassenrat)
- Umgestaltung des Konzeptes für bestimmte **Förderschulformen**

Sollte eine Schule solche spezifischen Interessenlagen haben, so muss die entsprechende Arbeitsgruppe gründlich **vorbereitet** werden. Dies können Lehrkräfte übernehmen, gegebenenfalls kann jedoch auch ein externer Akteur dies leisten. Zum Thema Cyberbullying kann beispielsweise die Landesmedienanstalt angefragt werden. Dort hat man nicht nur umfangreiche Materialien, sondern auch geeignete Referenten.

Ich kann hier verständlicherweise keine konkreten Materialien vorgeben. In der Beschreibung der Grundlagen meines Konzeptes und der Aufträge für die Kleingruppen habe ich jedoch eine Vielzahl möglicher Akteure genannt, die extern Unterstützung leisten können. Die eigentliche Aufbereitung des Materials sollte dann nach dem vorgegebenen Muster mit Teilnehmerlisten, Arbeitsaufträgen und Ergebnisprotokoll erfolgen. Entsprechende Leervorlagen sind als Gruppe G im Anhang auf S. 131 f. (KV 25 und 26) zu finden.

131 f.

5.9 Interventionsgruppe

Ein Teil des Kollegiums wird sowohl am ersten als auch am zweiten Halbtag durch einen Referenten für die Mobbing-Intervention geschult. Welches Konzept hierbei favorisiert wird, liegt im Ermessen der jeweiligen Schule. In meinem »Anti-Mobbing-Buch« (Jannan 2010a, S. 121 ff.) beschreibe ich einige geeignete Methoden; im Downloadbereich zu diesem Buch finden Sie hierzu Weblinks und Literaturhinweise.

Obwohl die Interventionsgruppe je nach Schulgröße bis maximal 20 Personen umfassen sollte, zeigt die Erfahrung, dass nur wenige der Teilnehmer das Gelernte auch in die Praxis umsetzen. Dies hat mehrere durchaus nachvollziehbare Gründe, zum Beispiel:

- Lehrkräfte befürchten, dass sie die Situation durch ihre Intervention noch **verschlimmern** könnten.
- Sie sind sich unsicher, ob sie bei Problemlagen, die vom rezepthaften Ablauf der Intervention abweichen, richtig **reagieren** werden.
- Sie wollen erst einmal jemandem bei einer Intervention **über die Schulter schauen**, bevor sie sich selbst auf den Weg machen.

Anfangs war ich von dem aus meiner Sicht mangelnden Engagement vieler Kolleginnen und Kollegen enttäuscht, mittlerweile habe ich jedoch erkannt, dass es wenig Sinn macht, den Bereich Intervention überstürzt anzugehen. Daher spreche ich lieber eine Empfehlung an die Schulen aus: Von 20 Personen sollten sich mindestens drei verantwortlich für die Mobbing-Intervention zeigen. Egal ob es sich dabei um Lehrkräfte, pädagogische Fachkräfte im Ganztag oder Schulsozialarbeiter handelt, ihre Namen müssen in der Schule bekannt gemacht werden. Dies kann zum Beispiel über den in der Arbeitsgruppe A entworfenen Info-Flyer (KV 3) erfolgen.

Wenn dieses **Interventionsteam** die ersten Fälle erfolgreich gelöst hat, wird seine Akzeptanz bei allen Beteiligten steigen. Sowohl Schüler/innen als auch Eltern werden in Zukunft vermehrt die Möglichkeit wahrnehmen, ihre Probleme zeitnah vorzubringen.

Für Schulen stellt sich immer die Frage, welche Lehr- oder Fachkräfte für die Interventionsschulung benannt werden sollen. Ich möchte an dieser Stelle einige wichtige **Auswahlkriterien** nennen: Neben den bereits oben (S. 50) beschriebenen Personen sollten die Lehr- oder Fachkräfte einige wichtige Eigenschaften und Kompetenzen besitzen. Gut geeignet sind zum Beispiel Personen, die bereits eine Ausbildung im Bereich der Beratung haben oder die leicht Kontakt zu Schüler/innen aufbauen können.

50

Andererseits bietet es sich in Bundesländern mit Kriseninterventionsteams durchaus an, aus diesem Team Lehrkräfte zu gewinnen, denn ausgeprägtes Mobbing ist ohne Zweifel eine Krise, wie die Symptome bis hin zum Suizid deutlich zeigen.

Tabelle 10 stellt die aus meiner Sicht wichtigen Eigenschaften für Lehr- und Fachkräfte, die Intervention betreiben können, zusammen. Sicherlich müssen nicht alle der aufgezählten Merkmale voll und ganz zutreffen, es sollte jedoch klar sein, dass die Tätigkeit in der Intervention ein Mindestmaß an **Kompetenzen** erfordert.

Eigenschaft	Warum die Eigenschaft wichtig ist
Berechenbarkeit	Schüler/innen fassen nur schwer Vertrauen zu Personen, deren Reaktionen von der Tagesform abhängig sind.
Verschwiegenheit	Eine Lehrkraft, die nicht verschwiegen ist, wird von Schüler/innen nicht akzeptiert werden.
Zuverlässigkeit	Wer eine Funktion im Bereich der Intervention besitzt, sollte diese auch jederzeit und vollständig ausfüllen.
Engagement	Besondere Aufgaben erfordern hin und wieder einen Einsatz, der über das normale Maß hinausgeht.
Allparteilichkeit	Vor der Entscheidung, ob man intervenieren will und wie, steht eine neutrale Analyse des Problems.
Belastbarkeit	Wer beratend tätig ist, muss sich darauf einstellen, im Einzelfall mit schwierigen Problemlagen bei den Rat suchenden Schüler/innen konfrontiert zu sein. Distanz ist hier vor allem in Hinblick auf die eigene Betroffenheit und persönlichen Ressourcen erforderlich.
Kompetenz	Wer mit Gewaltopfern arbeitet, sollte ein Mindestmaß an theoretischer Vorbildung mitbringen – Reaktionen »aus dem Bauch heraus« sind nicht immer zielführend.

Tab. 10: Wichtige Eigenschaften für Lehr- und Fachkräfte in der Intervention

24

Für diese Gruppe sind in weiterführenden Schulen aus den auf S. 24 genannten Gründen besonders die Klassenleitungen der Klassen 5 und 6 gefragt sowie allgemein Verbindungs- oder Vertrauenslehrkräfte und Beratungslehrkräfte. Weitere beratend tätige Personen wie zum Beispiel Schulsozialarbeiter können ebenfalls in diese Gruppe aufgenommen werden.

Während am ersten Halbtag aufgrund der begrenzten Zeit nur die Grundlagen für die Intervention gelegt werden können, wird das Team am zweiten Halbtag intensiver geschult. Wie schon in Kapitel 4.4 erwähnt, können Schulen jedoch auch einen anderen Ablauf wählen und an einem kompletten Tag eine Intensivschulung zur Intervention durchführen.

In der schulischen Praxis hat es sich bewährt, die Intervention in einer Klasse grundsätzlich im **Tandem** mit der Klassenleitung oder einer geeigneten anderen Lehr- oder Fachkraft durchzuführen. Dies hat zwei wesentliche Gründe:

- Die Interventionsfachkraft signalisiert der Klasse **Allparteilichkeit** bzw. Neutralität. Würde die Klassenleitung allein intervenieren, könnte sich zum Beispiel ein Täter bedroht fühlen nach dem Motto »Die kann mich eh nicht ausstehen«.
- Gleichzeitig erfährt die Klassenleitung **keine Rollenschwächung**, ganz im Gegenteil: Die Klasse sieht die professionelle Reaktion und weiß dies zu würdigen.

Durch diese Teambildung kann man auch Lehrkräfte, die sich bis dahin eine Intervention nicht zugetraut haben, indirekt mitschulen. So können einerseits einzelne Aufgaben abgegeben werden, andererseits erwerben immer mehr Lehrkräfte Kenntnisse über erfolgreiche Interventionsarbeit. Dies trifft auch für solche Kolleginnen und Kollegen zu, die nicht dem ursprünglichen Interventionsteam angehörten: Sie werden einen detaillierten Einblick in die Abläufe vor und während einer Intervention erwerben. Dies kann zum Beispiel dazu führen, dass solche Lehrkräfte im Falle eines beobachteten Mobbing-Falls Teammitglieder informieren oder Schüler/innen gezielt an diese weitervermitteln können.

Als **Teamer** für die Ausbildung des Kernteams eignen sich fast immer die Mitarbeiter der Schulberatungsstellen.[20] Die dort tätigen Schulpsychologen können Ihnen in der Regel auch weiterhelfen, wenn sie selbst nicht vor Ort tätig werden können.

Es gibt noch viele weitere kompetente **Ansprechpartner**, wobei nicht alle bundesweit aktiv sind. Ich habe häufig die Erfahrung gemacht, dass Schulen über die Möglichkeiten im Sozialraum zu geringe Kenntnis haben. Dies hängt mit dem manchmal hermetisch anmutenden System Schule zusammen, das mit der Vereinzelung der Lehrkraft als Person beginnt. Schule sollte sich nach außen hin öffnen, tut dies aber häufig zu wenig. Die Gründe hierfür sind zum Teil nachvollziehbar (Ressourcen- und Zeitmangel, hohe Belastung mit Verwaltungstätigkeit etc.). Aus diesem Grund sollte die Möglichkeit des pädagogischen Halbtags genutzt werden, um erste Schritte in Richtung einer Vernetzung und Öffnung von Schule zu machen. Hier einige Beispiele für Ansprechpartner:

- auf Landesebene die Arbeitsgemeinschaft Kinder- und Jugendschutz (AJS), die zum Teil umfangreiche Listen über Referenten führt
- das Kontaktbüro Prävention des Landes Baden-Württemberg
- die örtlichen Schulämter
- das örtliche Jugendamt
- Regionale Bildungsbüros (wo vorhanden)

---

20 Über die Webseite www.schulpsychologie.de können Sie die Kontaktdaten aller rund 140 Beratungsstellen in Deutschland erhalten.

Abschließend möchte ich noch darauf hinweisen, dass die Schulleitung vor allem zu Beginn der Interventionstätigkeit aufgrund der hohen Arbeitsbelastung der verantwortlichen Lehrkräfte an die erforderliche Entlastung denken sollte.

6. Präventionsprogramme in Deutschland

6.1 Kennzeichen guter Präventionsprogramme

22

Wie bereits auf S. 22 dargestellt, gibt es im Bundesgebiet eine Vielzahl von Gewaltpräventions- und Lebenskompetenzprogrammen. Schulen stehen damit vor einem nicht unerheblichen Problem: Welches Programm ist gut, welches passt zu uns? Ein Konzept, das für Grundschulen konzipiert ist, kann kaum an einem Gymnasium angewandt werden. Auch Förderschulen haben je nach Förderschwerpunkt ganz unterschiedliche Bedarfe.

Grundsätzlich kann ich nur empfehlen, in der Umgebung zu prüfen, ob an anderen Schulen bereits ein Gewaltpräventionsprogramm eingesetzt wird. Hierbei sind nicht nur die Erfahrungen, die diese Schule mit dem Programm gemacht hat, wichtig, sondern auch die spezifischen Rahmenbedingungen. Was an einem Privatgymnasium funktioniert, muss nicht zwangsläufig an einem städtischen Gymnasium erfolgreich sein.

Die Auswahl eines geeigneten Programms sollte sich neben den standortspezifischen Besonderheiten auch an bestimmten **Qualitätskriterien** orientieren. Solche Kriterien konnten durch Studien zur Wirksamkeit bestimmt werden. Wesentliche Merkmale gelingender Programme beschreibt die folgende Übersicht (nach Schick 2010, S. 84, und Trenz 2004, S. 6):

- Die Inhalte und die Konzeption sollten eine gelungene **Verschränkung** aus Alltagsorientierung und wissenschaftlichen Grundlagen darstellen.
- Die Programme sollten auf **Nachhaltigkeit** angelegt sein und müssen dafür in die jeweilige Einrichtung integriert und in ein umfassendes Gesamtkonzept eingebunden werden. Schmalspurprogramme oder einmalige Aktionen wie zum Beispiel eintägige erlebnispädagogische Angebote sind als alleiniger Programmbaustein nicht sinnvoll.
- Die **Anleitungen** für die Lehr- und Fachkräfte sollten strukturiert und die Bausteine aufeinander aufbauend sein.
- Für die Arbeit mit den Kindern und Jugendlichen sollte eine große **methodische Vielfalt** zur Verfügung stehen, das Programm sollte

immer wieder auch interaktive Elemente enthalten. Nicht erfolgreich sind Programme, die einseitig auf Informationsvermittlung basieren und damit nur die kognitive Seite ansprechen.
- Vor der Umsetzung ist eine **Schulung** der Lehr- und Fachkräfte wichtig. Im weiteren Verlauf der Anwendung sollte darüber hinaus die Möglichkeit einer praxisbegleitenden Unterstützung bestehen.
- Die Umsetzung sollte kontinuierlich durch die geschulten Lehr- und Fachkräfte erfolgen. Reine Peergruppen-Ansätze sind nicht erfolgreich.
- Die Effektivität des Programms sollte in **wissenschaftlichen Studien** kontrolliert worden sein.

Präventionsprogramme werden vergleichsweise seltener an Schulen eingesetzt als schulintern konzipierte Maßnahmen. Dies hat mehrere Gründe:

- Lehrkräfte müssen meist mehrtägig fortgebildet werden, um das Programm effektiv umsetzen zu können. Daher werden in der Regel nur **ausgewählte Personen** in einem Kollegium geschult.
- Die Qualifizierung ist meist mit erheblichen **Kosten** verbunden, teilweise erhalten Schulen die Materialien für die Umsetzung einer Methode erst nach erfolgter Schulung. Nur wenige Bildungseinrichtungen sind bereit, einen solchen finanziellen und personellen Aufwand zu betreiben, solange die Probleme im schulischen Alltag noch erträglich sind.
- Die Umsetzung während der Schulzeit benötigt eine mehr oder weniger große Zahl von **Unterrichtsstunden**. Schulen sind nicht immer bereit, diesen Aufwand zu betreiben. Da der Leistungsdruck mit zunehmendem Alter der Kinder steigt, werden Präventionsprogramme daher meist in Primarschulen eingesetzt. Wenig verwunderlich ist dann auch, dass in Kindertageseinrichtungen noch häufiger Programme zum Einsatz kommen: Hier besteht nicht das enge Zeitkorsett, in das Schulen gezwängt sind.

An dieser Stelle sei auf die Möglichkeit hingewiesen, bei einer weitergehenden Qualifizierung von Lehr- oder Fachkräften eine Kooperation mehrerer Schulen oder Einrichtungen zu nutzen. Durch die größere Teilnehmerzahl können die Trainerkosten deutlich minimiert werden.

Im folgenden Kapitel gebe ich eine kurze Übersicht zu bestehenden Präventionsprogrammen – ohne Anspruch auf Vollständigkeit. Für weitergehende Informationen sind, wo möglich, Ansprechpersonen bzw. Anbieter angegeben.

6.2 Präventionsprogramme im Überblick

buddY-Programm

Das buddY-Programm wurde 1999 von der Vodafone Stiftung ins Leben gerufen. Das Programm sollte gefährdeten Kindern helfen und damit die akute Straßenkinderhilfe ergänzen. Inhaltlich hat sich das Projekt seitdem zu einem umfassenden Präventionsprogramm entwickelt, das bundesweit eingesetzt wird. Unter dem Motto »Aufeinander achten. Füreinander da sein. Miteinander lernen« übernehmen ältere Schüler/innen als buddYs (»buddy« = englisch für Kumpel) Patenschaften für jüngere Mitschüler/innen, helfen anderen beim Lernen, setzen sich als Streitschlichter ein oder sind Ansprechpartner für Probleme. Dadurch entsteht in Schulen ein verantwortungsvolles Miteinander von Lehrer/innen und Schüler/innen. Zurzeit werden Angebote für den Übergang Kita/Grundschule entwickelt; Schulen, die ein Grundlagentraining durchlaufen haben und buddY weiterhin für die Schulentwicklung nutzen wollen, werden entsprechend ihren Bedürfnissen durch Aufbaumodule unterstützt.

Zielgruppe	• Schüler von Grundschulen, Förder-, Haupt-, Real-, Gesamtschulen und Gymnasien • Das Programm schult Lehr- und pädagogische Fachkräfte zum Auf- und Ausbau von buddY-Praxisprojekten an ihren Schulen.
angestrebte Ziele	• Kinder und Jugendliche stark machen und eine positive Umgangs-, Lehr- und Lernkultur in Schulen entwickeln • Entwicklung von sozialen, emotionalen und kognitiven Kompetenzen • Erweiterung des Angebotsspektrums von Schulen über die Wissensvermittlung hinaus • aktive Mitgestaltung von Unterricht durch Schüler/innen • Förderung des sozialen Klimas an Schulen • langfristig einen Beitrag zur Schulentwicklung leisten
erreichte Effekte	Das buddY-Programm wurde in den Landesprogrammen Niedersachsen und Hessen von der Freien Universität Berlin sowie dem Deutschen Institut für internationale pädagogische Forschung (DIPF) evaluiert. Die Ergebnisse finden sich im Downloadbereich der Homepage des buddY. E. V. (www.buddy-ev.de/Buddy-Programm/Wissenschaftliche_Studie).
Zahl der Lektionen	Im Projekt geschulte Lehrkräfte regen zu buddY-Praxisprojekten an, die sich nach den Bedürfnissen der Schüler/innen richten. Daher kann keine feste Zahl von Lektionen angegeben werden.
Dauer der Qualifizierung der Lehrkräfte	In einem insgesamt 6-tägigen Training werden Lehrkräfte und pädagogische Fachkräfte über einen Zeitraum von 1½ Jahren zum Coach und Lernbegleiter ausgebildet.

eingesetzte Methoden/ Materialien	Das pädagogische Konzept des buddY-Programms basiert auf den vier Säulen Peergroup-Education, Selbstwirksamkeit, Lebensweltorientierung und Partizipation. Dies sind gleichzeitig die Qualitätsleitziele des buddY-Programms. Das Ziel des Trainings ist, die Lehrkräfte in die Didaktik und Methodik des buddY-Programms einzuweisen, eine Coachhaltung aufzubauen und sie beim Projektaufbau an ihren Schulen zu begleiten und zu beraten.
Sonstiges	Im Rahmen der Landesprogramme hält das buddY-Programm durch Prozessmoderatoren eine Beratung für die teilnehmenden Schulen vor. Diese unterstützen die Lehrkräfte durch persönliche Beratung und Coaching und organisieren Aufbau, Betreuung und Weiterentwicklung regionaler Netzwerke. Darüber hinaus bietet das buddY-Programm Schulen, die ein Grundlagentraining durchlaufen haben und buddY weiterhin für die Schulentwicklung nutzen wollen, Aufbaumodule entsprechend ihren Bedürfnissen an.
Anbieter/ Kontakt	buddY E. V. Benzenbergstr. 2 40219 Düsseldorf Telefon: 0211-303291-0 E-Mail: info@buddy-ev.de Internet: www.buddy-ev.de

fairplayer.manual

Beim fairplayer.manual handelt es sich um ein wissenschaftlich sehr fundiertes Programm mit Manual, dessen Bestandteile aufeinander aufbauen. Entwickelt wurde es 2003 in Zusammenarbeit mit der FU Berlin.

Zielgruppe	Kinder und Jugendliche im Alter zwischen 11 und 21 Jahren in Schulen und Jugendgruppen, hauptsächlich jedoch 11- bis 15-jährige Schüler/innen
angestrebte Ziele	• Förderung sozialer Kompetenzen (z. B. Handlungsalternativen für Konflikte entwickeln, Kenntnisse über sozial förderliches Verhalten vermitteln) • Förderung von Zivilcourage (z. B. gefährliche Situationen erkennen, Bewusstsein für eigene Verantwortung stärken)
erreichte Effekte	• weniger Mobbing • weniger Ausgrenzung Einzelner zum Beispiel durch Verleumdung, Verbreitung unwahrer Gerüchte, Manipulation von Freundschaften • Verbesserung sozialer Kompetenzen • hohe Akzeptanz bei der Zielgruppe

Zahl der Lektionen	• 11 Lektionen in 15 bis 17 Doppelstunden • 2 Elternabende empfohlen
Dauer der Qualifizierung der Lehrkräfte	2 Tage
eingesetzte Methoden/ Materialien	• Gruppenarbeit und -diskussionen • verschiedene Medien • Rollenspiele • Spiele • Rituale
Sonstiges	Bei den ersten beiden Terminen im Unterricht erfolgt eine Begleitung durch fairplayer-Trainer. Auf Wunsch kann es noch weitere Unterstützung bei der Durchführung geben.
Anbieter/ Kontakt	Prof. Dr. phil. Herbert Scheithauer Arbeitsbereich Entwicklungswissenschaft & Angewandte Entwicklungspsychologie Fachbereich Erziehungswissenschaft und Psychologie Wissenschaftsbereich Psychologie, Pf 19 Freie Universität Berlin Habelschwerdter Allee 45 14195 Berlin Telefon: 030-838-56546 Telefax: 030-838-56588 E-Mail: hscheit@zedat.fu-berlin.de fairplayer e. V. c/o Lemon8 Media GmbH Konsul-Smidt-Straße 8f 28217 Bremen Telefon: 0421-4788460 Telefax: 0421-47884617 E-Mail: info@fairplayer.de Internet: www.fairplayer.de/massnahmen/fairplayer_manual/

Faustlos

Das Lernprogramm zählt zu den am weitesten verbreiteten in Deutschland. Es ist hoch strukturiert, seine Wirksamkeit wissenschaftlich mehrfach bestätigt.

Zielgruppe	Kindertageseinrichtungen, Grundschulen, Sekundarschulen
angestrebte Ziele	• Stärkung der Konfliktfähigkeit, zum Beispiel durch: • Förderung der Empathiefähigkeit • Vermittlung von Impulskontrollfähigkeiten bzw. Lösen von Problemen • konstruktiver Umgang mit Wut
erreichte Effekte	• verringerte Ängstlichkeit • verminderte Aggressivität • erhöhte Empathiefähigkeit • vermehrte verbale Kompetenzen • weniger Reibungsverluste im Unterricht durch Lösung von Konflikten
Zahl der Lektionen	• Kindergarten: 28 Lektionen • Grundschule: 51 Lektionen für die Klassen 1 bis 4 • Sekundarstufe: 31 Lektionen für die Dauer von 3 bis 4 Jahren (v. a. in den Klassen 6 und 7)
Dauer der Qualifizierung der Lehrkräfte	1 Tag
eingesetzte Methoden/ Materialien	• ritualisierter Ablauf • Fotos, Bilder, Filme • Spiele • Gruppendiskussionen • Rollenspiele
Sonstiges	praxisbegleitende Unterstützung möglich
Anbieter/ Kontakt	Heidelberger Präventionszentrum Keplerstraße 1 69120 Heidelberg Telefon: 06221-914422 E-Mail: info@h-p-z.de Internet: www.h-p-z.de

Klarigo

»Klarigo« ist das erste deutschsprachige Wertebildungsprogramm für die Grundschule. Auf kindgerechte Weise entführt der kleine Raumfahrer Kvalito die Kinder auf eine »Wertebildungsreise«. Die Kvalito-Geschichten ziehen sich durch 19 Unterrichtseinheiten, die unabhängig voneinander umgesetzt werden können. Jede der Geschichten kreist um Themen und Werte wie Gewaltlosigkeit, Mut, Respekt, Toleranz, Bescheidenheit etc. Die Geschichten fungieren jeweils als Einstieg, die Vertiefung erfolgt mithilfe von Arbeitsblättern, Spielen und vielen verschiedenen innovativen und kreativen Tätigkeiten. In den einzelnen Unterrichtseinheiten von »Klarigo« wird jeweils auf »Faustlos«-Lektionen (siehe S. 92) verwiesen, in denen die entsprechenden Werte und Tugenden implizit thematisiert werden.

Zielgruppe	Grundschulen
angestrebte Ziele	kindgerechte, spielerische Auseinandersetzung mit folgenden sozialen Werten und Tugenden, als Grundlage für sozial-emotional kompetentes Verhalten (auch und gerade in Konfliktsituationen): Friede, Gemeinschaftssinn, Gerechtigkeit, Mut, Freundlichkeit, Freigiebigkeit, Achtsamkeit, Weisheit/Wissen, Toleranz, Freiheit, Gelassenheit, Gesundheit, Ehrlichkeit, Mitgefühl, Fleiß, Ordentlichkeit, Mäßigung, Bescheidenheit
erreichte Effekte	»Klarigo« wurde auf dem Hintergrund der Erfahrungen mit dem Gewaltpräventionsprogramm »Faustlos« entwickelt, weil deutlich wurde, dass die Grundvoraussetzung für sozial-emotional kompetentes, gewaltpräventives Verhalten eine auf sozialen Werten beruhende Haltung ist. Es liegen noch keine Ergebnisse wissenschaftlicher Evaluationsstudien vor.
Zahl der Lektionen	19 Unterrichtseinheiten
Dauer der Qualifizierung	fünfstündige Fortbildung (inhouse)
eingesetzte Methoden/ Materialien	• Vorlesen von Geschichten • Einsatz des »Plaudertäschchens« • gemeinsames »Philosophieren« • ein breites Spektrum kindgerechter, spielerischer Aktivitäten • Materialien zur Vertiefung (Arbeitsblätter, Spiele, Übungen ...)
Anbieter/ Kontakt	Heidelberger Präventionszentrum (HPZ) Keplerstraße 1 69120 Heidelberg Telefon: 0 62 21–18 71 95 60 Telefax: 0 62 21–18 71 95 69 E-Mail: klarigo@h-p-z.de Internet: www.h-p-z.de

Klasse2000

Das Programm ist 1991 am Klinikum Nürnberg entwickelt worden und wird seither weiter überarbeitet und verbessert. Die Inhalte sind theoretisch fundiert hergeleitet und methodisch äußerst abwechslungsreich. An Grundschulen hat es weite Verbreitung (zurzeit rund 15 500 beteiligte Grundschulklassen), nicht zuletzt deshalb, weil keine Schulung von Lehrkräften erforderlich ist.

Zielgruppe	Grundschulen
angestrebte Ziele	• Gesundheitsförderung (z. B. gesunde Ernährung) • Sucht- und Gewaltprävention (z. B. Förderung sozialer Kompetenzen, kritischer Umgang mit legalen Drogen)
erreichte Effekte	in den bisher veröffentlichten Studien bezüglich Gewaltprävention eher geringe, hinsichtlich Gesundheitsförderung jedoch signifikante Verbesserungen im Gesundheitsverhalten der Kinder (z. B. weniger Konsum von Alkohol und Nikotin in späteren Jahren)
Zahl der Lektionen	• 12 Lektionen pro Schuljahr durch Lehrkräfte • 2 bis 3 Lektionen pro Schuljahr durch geschulte Fachkräfte (Klasse2000-Gesundheitsförderer); die Zusammenarbeit mit den Fachkräften ist verpflichtend vorgeschrieben.
Dauer der Qualifizierung der Lehrkräfte	keine
eingesetzte Methoden/ Materialien	• Handpuppen »Klaro und Klara« • Kleingruppen- und Partnerarbeit • Gesprächsrunden • Hausaufgaben • Rollenspiele, Versuche • Spiele (Wahrnehmung, Bewegung) • Atem- und Entspannungstechniken • kreative Elemente (Lieder, Malen, Basteln)
Sonstiges	• umfangreiches Material • Das Klasse2000-Team steht für Fragen jederzeit zur Verfügung.
Anbieter/ Kontakt	Verein Programm Klasse2000 e. V. Feldgasse 37 90489 Nürnberg Telefon: 0911-8912100 Telefax: 0911-8912130 E-Mail: info@klasse2000.de Internet: www.klasse2000.de

Konflikt-Kultur

Das 1997 entstandene und seither weiterentwickelte Programm richtet sich an Lehrkräfte und an alle Fachkräfte im pädagogischen Kontext. Diese werden vor allem in Strategien zum Umgang mit Konflikten und in der Vermittlung sozialer Kompetenzen geschult. Erwähnenswert ist, dass sich dieses Programm im Gegensatz zu den anderen hier aufgeführten Programmen an allen Schulformen und in Jugendgruppen umsetzen lässt. Dadurch ist es auch für Ganztagsschulen geeignet.

Zielgruppe	alle Schulformen
angestrebte Ziele	Das Programm setzt sich aus verschiedenen Teilen zusammen, die je nach Bedarf ausgewählt werden können: • Regeln zum Zusammenarbeiten (z. B. Schaffung einer konstruktiven Arbeitsatmosphäre) • Regeln zum Zusammenleben (z. B. Förderung von Respekt und gegenseitiger Wertschätzung) • Mediation und Streitschlichtung • Täter-Opfer-Ausgleich • Umgang mit Mobbing
erreichte Effekte	• wirksame Mobbing-Intervention • verstärktes Einhalten von Verhaltens- und Kommunikationsregeln • verstärkte Empathie • mehr gegenseitige Unterstützung in der Gruppe
Zahl der Lektionen	Da die Lehr- und Fachkräfte Handlungsstrategien erwerben, erfolgt die Umsetzung fortwährend ohne besondere Lektionen im Schulalltag.
Dauer der Qualifizierung der Lehrkräfte	abhängig vom ausgewählten Schwerpunktthema 4 bis 8 Tage pro Baustein
eingesetzte Methoden/ Materialien	• Kleingruppen- und Partnerarbeit • Gesprächsrunden • Rollenspiele • Spiele
Sonstiges	Praxisbegleitung findet in Form von Teamsitzungen und Fallbesprechungen als Intervision statt.
Anbieter/ Kontakt	Institut für Konflikt-Kultur Hurstweg 62a 79114 Freiburg Telefon: 0761-2921943 Mobil: 0173-6612363 E-Mail: mail@konflikt-kultur-freiburg.de Internet: www.konflikt-kultur-freiburg.de

Lions-Quest

Beim Programm »Erwachsen werden« stehen die Förderung der sozialen, körperlichen und psychischen Gesundheit der Schüler und damit deren Lebenskompetenzen im Vordergrund. Die geschlechtsspezifischen Unterschiede bei den Effekten sollten zum Nachdenken führen, wie das ansonsten gute Programm die spezifischen Bedürfnisse von Jungen noch mehr beachten kann.

Zielgruppe	Sekundarstufe I
angestrebte Ziele	• Stärkung der Handlungskompetenzen • Förderung der Problemlösungsfähigkeiten • Stärkung des Selbstwertgefühls und des Selbstvertrauens • Verminderung von gesundheitlichem Risikoverhalten
erreichte Effekte	• Steigerung des Selbstwertgefühls • Steigerung sozialer Kompetenzen • Förderung von suchtpräventiven Widerstandsfaktoren • Mädchen werden durch das Programm signifikant stärker gefördert als Jungen.
Zahl der Lektionen	75 Lektionen mit insgesamt 7 Schwerpunktthemen: • Ich und meine (neue) Gruppe • Stärkung des Selbstvertrauens • Mit Gefühlen umgehen • Die Beziehungen zu meinen Freunden • Mein Zuhause • Es gibt Versuchungen: Entscheide dich! • Ich weiß, was ich will
Dauer der Qualifizierung der Lehrkräfte	3 Tage für das Einführungsseminar, weitere 2-tägige Aufbauseminare zu verschiedenen Themen (z. B. pädagogisches Rollenspiel, Elternarbeit) sind nach freier Wahl möglich.
eingesetzte Methoden/ Materialien	• Moderation • Brainstorming und -writing • pädagogisches Rollenspiel • Gruppenarbeit • kreative Aktivitäten • Modelllernen • Fantasiereise • Lehrerhandbuch mit Materialien • viele Materialien für weitere Bereiche (z. B. Elternheft, Elternbrief, Schülerordner)
Sonstiges	In Bundesländern, in denen Lions-Quest durch entsprechende Kooperationsverträge mit der Landesregierung installiert wurde, sind bis zu 6 Tage mit jeweils 3 Stunden Praxisbegleitung durch Lions-Quest-Trainer/innen oder speziell ausgebildete Moderatoren möglich.

Anbieter/ Kontakt	Hilfswerk der Deutschen Lions e. V. Lions-Quest Bleichstraße 3 65183 Wiesbaden Telefon: 0611-9915481 Telefax: 0611-9915483 E-Mail: info@lions-hilfswerk.de Internet: www.lions-quest.de

MindMatters

MindMatters ist ein Programm zur Förderung der psychischen Gesundheit für Schulen der Primarstufe und Sekundarstufe I. Es ist als Settingansatz der Gesundheitsförderung unter Beteiligung der Leuphana Universität Lüneburg, der Unfallkasse Nordrhein-Westfalen, der Krankenkasse Barmer GEK und des Gemeinde-Unfallversicherungsverbands Hannover entwickelt worden und bezieht die gesamte Schule (Schüler/innen, Lehrkräfte, Schulleitungen, nicht unterrichtendes Personal und Eltern) sowie das schulische Umfeld mit ein. Das Mobbing-Präventionsprogramm richtet sich an die Sekundarstufe I.

Zielgruppe	Sekundarstufe I
angestrebte Ziele	• Entwicklung einer Schulkultur, in der sich alle Schulmitglieder sicher, wertgeschätzt, eingebunden und nützlich fühlen • Verbesserung der Arbeitsbedingungen und Gesundheit von Lehrkräften durch die Arbeit an der Beziehungsqualität in der Schule und in den Klassen • Verbesserung der Lernbedingungen und Gesundheit von Schüler/innen durch die Stärkung von Widerstandskraft und Lebenskompetenzen sowie durch das Erlernen eines hilfreichen Umgangs mit Mobbing und Belästigung
erreichte Effekte	Bei Schüler/innen, deren Lehrkräfte an einer Fortbildung zum Thema Mobbing teilgenommen hatten, zeigen sich signifikant folgende Effekte: • besserer Umgang mit Konflikten • leichteres Einhalten von Regeln • Wahrnehmung der Lehrkräfte als unterstützend und helfend • geringere psychovegetative Beschwerden • weniger negative Gefühlslagen • weniger »Schulstress« und psychische Belastungen durch die Schule
Zahl der Lektionen	3 Hefte richten sich je nach Schulform und Leistungsniveau an Schüler/innen der 5. bis 8. Klasse und lassen sich in vielen Unterrichtsfächern umsetzen: »Hinsehen statt wegschauen« (v. a. für Sozialkunde) »Dinge beim Namen nennen« (v. a. für das Fach Deutsch) »Schlüsselmomente« (für das Darstellende Spiel oder Theaterprojekte)

Dauer der Qualifizierung der Lehrkräfte	Selbstständige Umsetzung durch Lehrkräfte. Eine vorherige Schulung und Einbindung in Schulentwicklung ist empfehlenswert. Bei Bedarf werden 1- oder 2-tägige Fortbildungen angeboten.
eingesetzte Methoden/ Materialien	Das gesamte Programm MindMatters enthält derzeit 6 Unterrichts- und 3 Schulentwicklungshefte, unter anderem zum Projektmanagement und zur Suizidprävention. Die Unterrichtshefte beinhalten: • Hintergrundinformationen zum Thema • Hinweise und Unterstützung zur Unterrichtsgestaltung • strukturierte, komplett aufbereitete Unterrichtseinheiten und Beispielfragen • Informations- und Arbeitsblätter als Kopiervorlage • zahlreiche Anregungen zur Kommunikation, zur Teamarbeit und zum Einsatz interaktiver Methoden • Grundsätze zur Erarbeitung von Regeln für den Umgang miteinander während des Unterrichts
Sonstiges	Multiplikationsfortbildung von Schulpsychologie und Schulsozialarbeit, die Schulen bei der Umsetzung von MindMatters beraten können
Anbieter/ Kontakt	Leuphana Universität Lüneburg Zentrum für Angewandte Gesundheitswissenschaften (ZAG) Wilschenbrucher Weg 84a 21335 Lüneburg Telefon: 04131-677-7729 E-Mail: mindmatters@uni.leuphana.de Internet: www.mindmatters-schule.de

Mobbingfreie Schule – gemeinsam Klasse sein!

Das Programm wurde vom Landesinstitut für Lehrerbildung und Schulentwicklung Hamburg und der Techniker Krankenkasse in Hamburg entwickelt und wird seit dem Schuljahr 2007/08 von der Techniker Krankenkasse betreut.

Zielgruppe	Schüler der Klassenstufen 5–8, alle Schularten
angestrebte Ziele	• Stärkung der Klassengemeinschaft • Teilnehmende Schüler/innen sind nachhaltig in der Lage, Zivilcourage zu zeigen, offen miteinander zu kommunizieren und Mobbing zu vermeiden.
erreichte Effekte	In Klassen mit problematischem Klassenklima hat die Projektwoche zu einem großen Teil statistisch deutlich positive Effekte gezeigt. Für den dauerhaften Erfolg dürften die Weiterführung und Festigung erlernter Methoden sowie die Einbettung in ein schulisches Gesamtkonzept zum sozialen Lernen entscheidend sein.

Zahl der Lektionen	• 5 Projekttage mit jeweils 6 bis7 Stunden • 1 Elternnachmittag
Dauer der Qualifizierung der Lehrkräfte	1 Tag
eingesetzte Methoden/ Materialien	• Filme • Klassengespräche • Regelerarbeitung • Interaktionsspiele • Rollenspiele • Kommunikationsübungen
Sonstiges	Fortbildung über Multiplikatorenprinzip, Bildung von Regionalgruppen mit je einem Multiplikator empfohlen Vernetzung mit Schulpsychologen empfohlen Implementierung an den Schulen als Schulprogramm zur Gewährleistung der Nachhaltigkeit empfohlen
Anbieter/ Kontakt	Techniker Krankenkasse – die Landesvertretungen informieren, ob das Programm im Bundesland eingeführt ist und wer die Einführung an den Schulen koordiniert. Internet: www.tk.de/tk/gesunde-lebenswelten/gesunde-schule/mobbing/108934

Power ohne Fäuste – das Backnanger Schulnetz

Im Gegensatz zu den deutschlandweit verbreiteten Präventionsprogrammen ist dieses Konzept nur in Backnang (Baden-Württemberg) verbreitet und bisher auch nicht wissenschaftlich evaluiert. Ich habe es trotzdem in die Übersicht aufgenommen, da es ein ausgezeichnetes Beispiel dafür ist, wie man auf regionaler Ebene Gewaltprävention vernetzen und nachhaltig installieren kann. Wie aus der Beschreibung deutlich wird, werden auch andere Präventionsprogramme als Teil des Projektes genutzt.

Zielgruppe	Haupt-, Real- und Förderschulen sowie Gymnasien
angestrebte Ziele	6 Schwerpunktthemen wurden von allen Beteiligten vereinbart: • soziale Gruppenarbeit (z. B. Streitschlichtung, Konfliktseminare) • geschlechtsspezifische Förderung (z. B. Selbstbehauptungstrainings für Mädchen und Jungen) • rechtliche und polizeiliche Aufklärung (z. B. Bürgerberatung) • kritischer Medienumgang (z. B. Ausrichtung auf den Medien- und Jugendschutz) • Freizeitverhalten (z. B. Kooperation mit Freizeitanbietern, Stärkung sozialer Verantwortung) • Durchführung besonderer Aktionen (z. B. Wettbewerbe, Kongresse, Theaterprojekte, Handreichungen)
erreichte Effekte	• starke Vernetzung der Projektpartner • nachhaltige Umsetzung der Ziele • intensiver Erfahrungsaustausch zwischen den Beteiligten
Zahl der Lektionen	keine Angaben möglich
Dauer der Qualifizierung der Lehrkräfte	abhängig vom ausgewählten Programm
eingesetzte Methoden/ Materialien	abhängig vom ausgewählten Programm
Anbieter/ Kontakt	Kontaktbüro Prävention Ministerium für Kultus, Jugend und Sport Postfach 10 34 42 70029 Stuttgart Telefon: Viktoria Darkashly: 07 11-279-29 12 Karl Häberle: 07 11-279-29 13 Friedrich Roth: 07 11-279-25 66 Fax: 0711-279-28 79 E-Mail: Viktoria.Darkashly@km.kv.bwl.de Karl.Haeberle@km.kv.bwl.de Friedrich.Roth@km.kv.bwl.de Internet: www.schule-bw.de/unterricht/paedagogik/gewaltpraevention/kbuero/projekte/projekt45.html

Verhaltenstraining

Prof. Dr. Franz Petermann ist mit Sicherheit einer der aktivsten Entwickler von gewaltpräventiven Programmen in Deutschland. Seine »Verhaltenstrainings« umfassen zurzeit Kindertageseinrichtungen und Grundschulen. Von daher eignen sich die Trainings besonders für Schulentwicklungsplanung, die die Anschlussfähigkeit im Übergang berücksichtigt.

Zielgruppe	• Kindertageseinrichtungen • Grundschulen (getrennt nach Schulanfängern und Schüler/innen der 3. und 4. Klasse)
angestrebte Ziele	• für Kindertageseinrichtungen: emotionale und soziale Kompetenz, soziale Problemlösung • für Schulanfänger: soziale Wahrnehmung und Empathie, Hilfeverhalten und Kooperation, Vermittlung von Problemlösekompetenzen • für Schüler der Klassen 3 und 4: emotionale und soziale Kompetenzen, Eigen- und Sozialverantwortung, Zivilcourage
erreichte Effekte	In Kindertageseinrichtungen werden emotionale und soziale Kompetenzen verbessert, die Effekte in der Grundschule sind zum Teil nachgewiesen, zum Teil fehlt noch eine wissenschaftliche Evaluation.
Zahl der Lektionen	• für Kindergartenkinder 25 Lektionen • für Schulanfänger und Kinder der Klassen 3 und 4 jeweils 26 Lektionen
Dauer der Qualifizierung der Lehrkräfte	Eine Fortbildung vor Einsatz der Materialien wird nicht vorausgesetzt, aber angeboten.
eingesetzte Methoden/ Materialien	In allen drei Altersstufen wird ein methodisch sehr abwechslungsreiches und vielfältiges Angebot gemacht: • für Kindertageseinrichtungen: Einsatz von Leitfiguren (z. B. Handpuppe »Finn«), Rollenspiele, Spiele, Arbeitsblätter, Bildmaterial, Regel- und Gefühlskarten • für Schulanfänger: Handpuppe »Ferdi«, Spielübungen, Bilder, Audiomaterial, Comics, Schatzsucheraufgaben, Lieder, Arbeitsheft, Rollenspiele • für Schüler der Klassen 3 und 4: Rollenspiele, Problemlösepläne erstellen, Lieder, Spiele, Übungen, Arbeitsblätter, Hörspiel
Sonstiges	Eine praxisbegleitende Unterstützung wird nicht angeboten.
Anbieter/ Kontakt	bipp – Bremer Institut für Pädagogik und Psychologie Virchowstr. 20 04157 Leipzig Telefon: 0341-5198624 Telefax: 0341-5198626 E-Mail: info@bipp-bremen.de Internet: www.bipp-bremen.de/deutsch/angebote/

»Wir können auch anders!«

Das 2011 veröffentlichte Programm liefert ein präventives Gesamtkonzept für Schulen und Einrichtungen der Jugendhilfe und richtet sich an Lehrkräfte, Sozialpädagogen, Erzieher und Schulpsychologen. Es greift wesentliche Themen des sozialen Lernens und der Gewaltprävention auf und setzt mit aktuellen, jugendkulturrelevanten Inhalten Akzente. Ein besonderer Schwerpunkt liegt auf der Rolle der Gleichaltrigen. Erstmals werden in diesem Konzept auch die präventiven Schwerpunkte »Amok/ School Shooting« und »Suizid« in ein schulisches Gesamtkonzept mit hineingenommen.

Zielgruppe	Sekundarstufe I und II (alle Schulformen), Einrichtungen der Jugendhilfe
angestrebte Ziele	• auf der Ebene der Institution: umfassende gewaltpräventive Maßnahmen im Rahmen von Schulentwicklung zur Verbesserung der Schulkultur sowie zur Anregung eines schulischen Krisen- und Bedrohungsmanagements in Bezug auf Verhinderung von Amok und Suizid • auf der Ebene der Pädagogen: Anregung eines zeitgemäßen Rollenbildes für eine produktive Lehrer-Schüler-Beziehung. Mit Blick auf pubertäre Krisen und die Prävention von Amok/School Shooting und Suizid erfolgt eine Sensibilisierung für Frühwarnsignale. • auf der Ebene der Jugendlichen: präventive Schwerpunktbereiche ermöglichen – eine gezielte Stärkung der Persönlichkeit – Anregung konstruktiver Gruppenprozesse – Selbststeuerung und Impulskontrolle im Rahmen des vorgeschlagenen Anti-Gewalt-Klassentrainings – Handlungsstrategien bei Mobbing – Aufklärung über krisenhafte Entwicklungen in der Pubertät sowie gesundheitsgefährdende Einflüsse – schulische Suizidprävention – Einrichtung eines Peer-Helper-Teams zur Durchführung von Erstberatungen bei Gleichaltrigen und Unterstützung in Krisensituationen – Kompetenzerwerb im Umgang mit den Neuen Medien – Auseinandersetzung mit dem Phänomen Amok, Aufzeigen der Verantwortung der Schulgemeinschaft
erreichte Effekte	• erhöhtes Zusammengehörigkeits- und Sicherheitsgefühl auf allen schulischen Ebenen • Erweiterung der Teamfähigkeit und des professionellen Handlungsspektrums auf der Ebene des Kollegiums • bei den Schülern Kompetenzzuwachs in allen Bereichen des sozialen Lernens, Verringerung der Gewaltbereitschaft und verbesserte Wahrnehmung für mögliche krisenhafte Entwicklungen bei sich und anderen • Das Programm ist noch nicht systematisch evaluiert, die Materialien wurden jedoch an allen Schularten im Sekundarbereich erprobt.

Zahl der Lektionen	Alternativen: • Umsetzung als Gesamtkonzept mit acht Themenschwerpunkten auf Schülerebene: mehrjähriges Trainingsprogramm in ca. 80 Lektionen, z. B. in einer wöchentlichen Klassensozialstunde • Vermittlung einzelner Themenbereiche in Unterrichtseinheiten innerhalb verschiedener Fächer (Deutsch, Sozialkunde, Ethik, Religion) oder an Projekttagen bzw. in einer Projektwoche
Dauer der Qualifizierung der Lehrkräfte	• Auf Anfrage werden Seminare zu allen Inhalten angeboten. • Zu den Bereichen Amok- und Suizidprävention und zum schulischen Krisen- und Bedrohungsmanagement werden zweitägige Fortbildungen, möglichst mit dem gesamten Kollegium, empfohlen.
Eingesetzte Methoden/ Materialien	• Kommentare mit Hintergrundinformationen • Umsetzungsvorschläge für vielfältige Team- und Gruppenarbeitsmethoden • Arbeitsblätter, Vorschläge für Plakate, Folien und Formulare • Kurzgeschichten • Anleitungen für Kommunikations-, Kooperations- und Interaktionsübungen und Rollenspiele • Tests und Befragungen • Vorschläge für Projekttage • Schulungsinhalte für die Ausbildung eines Peer-Helper-Teams
Sonstiges	»Wir können auch anders!« wird mit einer modularen Qualifizierung von Multiplikatoren und Beratern über das Landesinstitut für Schule und Medien Berlin-Brandenburg (LISUM) vermittelt, mit einem zweitägigen Basis- und Erweiterungsmodul.
Anbieter/ Kontake	Christine Spies, Lehrerin, Dozentin, Trainerin für Gewaltprävention, Antiaggressivitätstrainerin E-Mail: christine.spies@gmx.de Internet: www.christine-spies.de

7. Schlusswort

Im Verlauf der Lektüre ist Ihnen als Leser/in möglicherweise aufgefallen, dass in diesem Buch immer wieder von Vernetzung die Rede ist. In der Tat war Vernetzung ein wichtiger Aspekt für das Verfassen der vorliegenden Handreichung. Ohne die aktive Unterstützung aus meinem beruflichen und privaten Bekanntenkreis wäre es mit Sicherheit nicht zu dieser Veröffentlichung gekommen. Mein ganz besonderer Dank gilt daher den folgenden Personen (in alphabetischer Reihenfolge):

- Michael Berens
- Thomas Gödde
- Ursula Hentschel
- Monika Huesmann
- Matthias Mende
- Susanne Spornhauer

Egal ob Prävention, Intervention oder auch »normaler« Schulalltag – gelingende Lehrerarbeit ist nach meiner Erfahrung von zwei Faktoren entscheidend abhängig: **Haltung** und **Beziehung**. Nur wer als Lehrkraft seine Position klar und zugewandt vertritt, wird für die Schüler/innen Vorbild. »Ich dulde Gewalt und Mobbing an meiner Schule nicht« ist dabei der wichtigste Satz.

Nur wer in Beziehung geht und Werte, Normen und Grenzen lebt – und nicht nur als Dogmen verordnet –, ohne darauf zu achten, wer ihm gegenüber sitzt, wird erfolgreich sein. Respekt ist nun einmal keine Einbahnstraße.

Dabei gilt es, die Schüler/innen dort abzuholen, wo sie sind, und nichts Unmögliches von ihnen zu erwarten, genauso wenig wie von den Lehrkräften des Kollegiums. Bewahren Sie also bei all Ihren Planungen das Maß und das richtige Tempo.

Was immer Sie an ihrer Schule erreichen wollen: Für dieses Ziel wünsche ich Ihnen das nötige Durchhaltevermögen und den verdienten Erfolg!

Ihr *Mustafa Jannan*

Anhang

Kopiervorlagen

Um die folgenden Seiten auf A4-Format zu bringen, vergrößern Sie sie bitte mit 127 Prozent. Sie finden die Kopiervorlagen im A4-Format und weitere Download-Materialien auf unserer Internetseite www.beltz.de, und zwar auf der Buchdetailseite unter der Überschrift »Downloads & Leseproben«.

KV 1	Gruppe A: Hilfestrukturen aufbauen
KV 2	Gruppe A: Erläuterungen zu den Aufgaben
KV 3	Gruppe A: Netzwerkadressen
KV 4	Gruppe A: Empfehlenswerte Webseiten
KV 5	Gruppe A: Vorlage Flyer
KV 6	Gruppe B: Fragebogenaktion
KV 7	Gruppe B: Erläuterungen zu den Aufgaben
KV 8	Gruppe B: Vorlage für einen Fragebogen
KV 9	Gruppe C: Anti-Mobbing-Vereinbarung
KV 10	Gruppe C: Erläuterungen zu den Aufgaben
KV 11	Gruppe C: Anti-Mobbing-Vereinbarung I
KV 12	Gruppe C: Anti-Mobbing-Vereinbarung II
KV 13	Gruppe D: Maßnahmenkatalog
KV 14	Gruppe D: Erläuterungen zu den Aufgaben
KV 15	Gruppe D: Material »Maßnahmenkatalog«
KV 16	Gruppe D: Übersicht »Maßnahmen«
KV 17	Gruppe E: Gestaltung des Schulgebäudes
KV 18	Gruppe E: Erläuterungen zu den Aufgaben
KV 19	Gruppe E: Unterstützerliste Eltern
KV 20	Gruppe E: Vorlage Schülerbefragung
KV 21	Gruppe F: Arbeitskreis/Steuergruppe
KV 22	Gruppe F: Erläuterungen zu den Aufgaben
KV 23	Gruppe F: Übersicht »Präventive Maßnahmen«
KV 24	Gruppe F: Material
KV 25	Gruppe G: Schulspezifische Schwerpunkte
KV 26	Gruppe G: Erläuterungen zu den Aufgaben
	Gruppe G: Material
KV 27	Protokollbogen aller Kleingruppen
KV 28	Zielvereinbarungen und Zeitraster

KV 1

Gruppe A: Hilfestrukturen aufbauen

verantwortlich:

Aufgaben:

1. Welche Möglichkeiten/Voraussetzungen müssen geschaffen werden, damit Opfer anonym **Kontakt** mit den Beratungslehrkräften der Schule aufnehmen können?
2. Welche **externen Ansprechpartner** sollen in die Prävention und Intervention aktiv mit einbezogen werden?
3. Wie sollen diese Möglichkeiten den Schüler/innen und Eltern **bekannt gemacht** werden?

Ergebnisse:

Zu 1. ....

....

Zu 2. ....

....

Zu 3. ....

....

Teilnehmer/innen:

1. ....
2. ....
3. ....
4. ....
5. ....
6. ....
7. ....
8. ....
9. ....
10. ....

KV 2

Gruppe A: Erläuterungen zu den Aufgaben

Aufgabe 1

Opfer von Gewalt und Mobbing haben häufig Angst oder schämen sich für ihre Situation. Daher ist es besonders wichtig, dass es an der Schule einen möglichst einfachen Weg zur Kontaktaufnahme mit beratenden Personen gibt. Dies kann ein klassischer Kummerkasten sein. Zu empfehlen ist aber auch das kostenlose Internetportal www.kummr.de. Bitte prüfen Sie dieses Portal auf seine Eignung.

Aufgabe 2

Schulische Präventions- und Interventionsarbeit ist immer dann besonders erfolgreich, wenn man externe Akteure mit einbezieht. Ob die Angebote eines Kooperationspartners geeignet sind, ist von verschiedenen Fragen abhängig:

- Für welche **Altersstufe** sind die Angebote jeweils geeignet?
- Kann der Akteur (kostenfreie) **Räumlichkeiten** anbieten?
- Welche **Bedingungen** muss die Schule für eine Zusammenarbeit erfüllen (z. B. Materialbeschaffung, Schülertransport, Aufsicht)?

Hier einige Beispiele für geeignete Angebote:

- **soziale Kompetenztrainings** mit unterschiedlichen Schwerpunkten (Selbstvertrauen, Fremd- und Eigenwahrnehmung, Deeskalationstechniken, Zusammenhalt in der Gruppe usw.)
- **mädchen- oder jungenspezifische** Angebote
- Einzelgespräche mit **Mobbing-Opfern** und deren Eltern
- **Gruppengespräche** mit Mobbing-Opfern
- **Aufklärungsarbeit** zum sicheren Umgang mit modernen Medien und Kommunikationsmitteln
- Einzelgespräche mit **Mobbing-Tätern** und deren Eltern

Füllen Sie die Übersichtsliste »Netzwerkadressen« soweit als möglich aus und überlegen Sie gemeinsam, wie und wo Sie weitere Informationen zu möglichen Kooperationspartnern im Umfeld finden können.

Aufgabe 3

Die in Aufgabe 1 und 2 erarbeiteten Ergebnisse und auch die Ergebnisse anderer Arbeitsgruppen müssen Eltern und Schüler/innen bekannt gemacht werden. Hierzu eignen sich beispielsweise Flyer (siehe KV 5), die Homepage der Schule oder ein Elternabend zum Thema. Entscheiden Sie gemeinsam, welche Möglichkeiten Sie nutzen wollen. Für die inhaltliche Ausgestaltung sind auch für Schüler/innen empfehlenswerte Webseiten zum Thema als zusätzliches Angebot sinnvoll (KV 4).

KV 3

Gruppe A: Netzwerkadressen

Kooperationspartner				
Angebote/ Alter der Zielgruppe				
Bemerkungen (z. B. Rahmenbedingungen, Kosten, Erfahrungen mit dem Akteur)				
Ansprechperson				
Telefon				
Mail				
Webseite				
Straße				
PLZ/Ort				

KV 4

Gruppe A: Empfehlenswerte Webseiten

Webseite	Beschreibung
www.klicksafe.de	Deutschlandweit sicherlich die beste Webseite zur Beratung für Problemfälle im Cyberspace. Es werden vielfältige Materialien für Lehrkräfte angeboten sowohl für den Unterricht als auch zur allgemeinen Information.
www.schueler-gegen-mobbing.de	Von einem ehemaligen Mobbing-Opfer gegründete, ausgezeichnete Seite. Sehr »schülerfreundlich« mit einer Vielzahl von Beratungsmöglichkeiten wie z. B. Blog, Wiki, Chat und Forum. Wer sich schnell informieren will, bekommt über die FAQs Antworten. Auch die Bereiche für Eltern und Lehrkräfte sind sehr hilfreich.
www.time4teens.de	Neben Informationen zu Mobbing gibt die Seite der Polizei auch Hilfen zu anderen Problembereichen.
www.schueler-mobbing.de	Eine der größten Internetseiten zum Thema mit vielen Möglichkeiten, die sich zum Teil erst nach einigem Suchen finden lassen.
www.internet-abc.de	Diese Seite gibt unter anderem sehr einfach formulierte und trotzdem präzise Erklärungen zu allen Begriffen zum Thema »Internet«. Neben der reinen Kinderseite gibt es auch spezielle Eltern- und Pädagogenbereiche.
www.medienbildung.com	In Rheinland-Pfalz verortetes Projekt zum Einsatz von Handys im Unterricht. Sehr interessanter Ansatz, der für verschiedene Fächer geeignet ist.

KV 5

Gruppe A: Vorlage Flyer

Mobbing – was ist das denn?!

Illustration: Detta Zimmermann

Wenn andere deine Sachen kaputt machen, dich beleidigen, beschimpfen, ausschließen oder auslachen, wenn du alleine gegen viele stehst und dich nicht wehren kannst, wenn das alles schon über eine lange Zeit geht – dann nennt man das Mobbing. Mobbing ist kein Spaß. Mobbing tut verdammt weh, weil du alleine bist, weil du Angst hast, weil dir keiner richtig zuhört und niemand dich ernst nimmt.

Unsere Schule will etwas gegen Mobbing tun. Vielleicht hat deine Klassenlehrerin oder dein Klassenlehrer dir schon darüber berichtet. Vielleicht warst du krank, oder du hast damals gedacht: »Das trifft auf mich nicht zu, das interessiert mich nicht.«

Wenn es dir selber dreckig geht oder du von jemandem weißt, der von anderen gemobbt wird, dann möchten wir dir für diesen Fall noch einmal sagen, was du selbst tun kannst:

- Sprich mit einem Lehrer deines Vertrauens über dein Problem. Alle Lehrer wissen Bescheid, dass sie solch ein Gespräch vertraulich führen müssen – niemand bekommt davon mit, wenn du es nicht willst!
- Wenn du dich nicht traust, einen Lehrer anzusprechen, sprich mit einem Mitschüler deines Vertrauens über dein Problem und bitte ihn, einen Lehrer zu informieren. Der Lehrer nimmt dann unauffällig Kontakt mit dir auf.
- Wenn du auch das nicht machen willst, kannst du an folgende Adresse eine Mail schicken:

ich-brauche-hilfe@schuladresse.de

Zwei Lehrer unserer Schule schauen jeden Tag nach, ob Schüler eine Mail mit einem Problem geschickt haben. Sie kümmern sich dann unauffällig um dich.
Wenn du dich erst selbst über Mobbing informieren willst, weil du glaubst, du könntest doch selbst etwas erreichen, dann schau mal auf diesen Webseiten:

- www.schueler-mobbing.de
- www.time4teens.de
- www.schueler-gegen-mobbing.de/portal

Solltest du noch weitere Fragen haben, dann maile uns an die angegebene Adresse oder frage einen Lehrer deines Vertrauens, z. B. unsere Beratungslehrer Frau X oder Herrn Y.

Mobbing – was ist das denn?!

Illustration: Detta Zimmermann

Wenn andere deine Sachen kaputt machen, dich beleidigen, beschimpfen, ausschließen oder auslachen, wenn du alleine gegen viele stehst und dich nicht wehren kannst, wenn das alles schon über eine lange Zeit geht – dann nennt man das Mobbing. Mobbing ist kein Spaß. Mobbing tut verdammt weh, weil du alleine bist, weil du Angst hast, weil dir keiner richtig zuhört und niemand dich ernst nimmt.

Unsere Schule will etwas gegen Mobbing tun. Vielleicht hat deine Klassenlehrerin oder dein Klassenlehrer dir schon darüber berichtet. Vielleicht warst du krank, oder du hast damals gedacht: »Das trifft auf mich nicht zu, das interessiert mich nicht.«

Wenn es dir selber dreckig geht oder du von jemandem weißt, der von anderen gemobbt wird, dann möchten wir dir für diesen Fall noch einmal sagen, was du selbst tun kannst:

- Sprich mit einem Lehrer deines Vertrauens über dein Problem. Alle Lehrer wissen Bescheid, dass sie solch ein Gespräch vertraulich führen müssen – niemand bekommt davon mit, wenn du es nicht willst!
- Wenn du dich nicht traust, einen Lehrer anzusprechen, sprich mit einem Mitschüler deines Vertrauens über dein Problem und bitte ihn, einen Lehrer zu informieren. Der Lehrer nimmt dann unauffällig Kontakt mit dir auf.
- Wenn du auch das nicht machen willst, kannst du an folgende Adresse eine Mail schicken:

ich-brauche-hilfe@schuladresse.de

Zwei Lehrer unserer Schule schauen jeden Tag nach, ob Schüler eine Mail mit einem Problem geschickt haben. Sie kümmern sich dann unauffällig um dich.
Wenn du dich erst selbst über Mobbing informieren willst, weil du glaubst, du könntest doch selbst etwas erreichen, dann schau mal auf diesen Webseiten:

- www.schueler-mobbing.de
- www.time4teens.de
- www.schueler-gegen-mobbing.de/portal

Solltest du noch weitere Fragen haben, dann maile uns an die angegebene Adresse oder frage einen Lehrer deines Vertrauens, z. B. unsere Beratungslehrer Frau X oder Herrn Y.

KV 6

Gruppe B: Fragebogenaktion

verantwortlich:

Aufgaben:

1. Welche **Fragen** soll ein Fragebogen zur Erhebung der Mobbing-Problematik an der Schule enthalten (siehe KV 8)?
2. Wie und von welcher Personengruppe soll die **Durchführung** und **Auswertung** vorgenommen werden?
3. Sollen alle **Jahrgangsstufen** befragt werden? Wenn nein: Welche werden ausgewählt mit welcher Begründung?
4. Wie sollen das Kollegium, die Eltern und die Schüler/innen über **Ergebnisse** informiert werden?

Ergebnisse:

Zu 1. ……………………………………………

……………………………………………

Zu 2. ……………………………………………

……………………………………………

Zu 3. ……………………………………………

……………………………………………

Teilnehmer/innen:

1. ……………
2. ……………
3. ……………
4. ……………
5. ……………
6. ……………
7. ……………
8. ……………
9. ……………
10. ……………

KV 7

Gruppe B: Erläuterungen zu den Aufgaben

Aufgabe 1
Die Vorlage dient nur als **Muster,** wie eine Befragung aufgebaut werden kann. Prüfen Sie, welche Fragen an der Schule nicht passen oder welche ergänzt werden müssen.

Aufgabe 2
Die Befragung kann schriftlich oder online erfolgen. Die zweite Variante erfordert entsprechende Kenntnisse und ist in der Erstellung aufwendiger. Für das kostenlose **Befragungsprogramm** GrafStat liegt der Musterfragebogen in elektronischer Form im Downloadbereich des Buches bereits vor. Prüfen Sie, in wieweit die technischen Möglichkeiten für eine Online-Befragung gegeben sind. Entscheiden Sie dann, ob Sie die Befragung schriftlich oder online durchführen wollen.
Klären Sie danach für die gewählte Variante, wer für die **Durchführung** verantwortlich sein soll (z. B. Informatik-Verantwortliche, Klassenleitungen) und wer die Befragung auswertet (z. B. Kurse, Klassen, Arbeitsgemeinschaften).

Aufgabe 3
Je nach Schülerzahl kann die Befragung auf bestimmte Jahrgangsstufen **begrenzt** werden, z. B. auf die besonders gefährdeten Jahrgangsstufen bis einschließlich 9. Klasse.
Planen Sie die Fragebogenaktion für den Beginn des neuen Schuljahres, können die Schüler der neuen Klassen nicht befragt werden; auch dies stellt ein sinnvolles Auswahlkriterium dar. Entscheiden Sie gemeinsam, wie Sie vorgehen wollen.

Aufgabe 4
Die Ergebnisse der Befragung müssen allen an Schule Beteiligten **bekannt gemacht** werden. Dies kann auf unterschiedlichem Wege geschehen:

- Schulleitung (und Schülervertreter, falls an der Auswertung aktiv beteiligt) gestalten einen **Elternabend**.
- Eltern können über einen **Brief** informiert werden.
- Die Schülervertreter organisieren zusammen mit den Verbindungs- bzw. Vertrauenslehrkräften eine Schülervoll- oder mehrere **Schülerteilversammlungen**.
- Ergänzend sind immer auch **Flyer** geeignet.
- Alle Ergebnisse können in kurzer Form auf der **Homepage** dargestellt werden.
- Wo noch vorhanden, kann dies auch in einer **Schülerzeitung** erfolgen.

Ein Hinweis für Ihre Entscheidungen hinsichtlich des Verbreitungswegs: Auch andere Arbeitsgruppen beschäftigen sich mit der Aufgabe, ihre Ergebnisse transparent darzustellen.

KV 8

Gruppe B: Vorlage für einen Fragebogen

Bitte kreuze in diesem Fragebogen an, was für dich zutrifft. Sei dabei so ehrlich wie möglich, nur dann macht eine solche Umfrage Sinn! Vielen Dank für deine Mitarbeit.

Ich besuche die Klasse: ❑ 5 ❑ 6 ❑ 7 ❑ 8 ❑ 9 ❑ 10 ❑ 11 ❑ 12 ❑ 13
Ich bin: ❑ männlich❑ weiblich

1. **Wie sicher fühlst du dich an unserer Schule?**
   ❑ sehr sicher ❑ sicher ❑ mittel❑ unsicher ❑ sehr unsicher
2. **Wie sicher fühlst du dich in der Klasse?**
   ❑ sehr sicher ❑ sicher ❑ mittel❑ unsicher ❑ sehr unsicher
3. **Wie viele Freunde oder Freundinnen hast du an der Schule?**
   ❑ eine(n) ❑ zwei ❑ mehrere ❑ keine
4. **Gibt es in der Schule Schüler/innen, vor denen du Angst hast?**
   ❑ eine(n) ❑ zwei ❑ mehrere ❑ keine
5. **Bist du in diesem Schuljahr von anderen Schüler/innen beleidigt, verhöhnt oder beschimpft worden?**
   ❑ nie ❑ manchmal ❑ oft
6. **Haben dich in diesem Schuljahr Mitschüler/innen (vor anderen) lächerlich gemacht?**
   ❑ nie ❑ manchmal ❑ oft
7. **Haben in diesem Schuljahr andere Schüler/innen über dich Lügen oder Gerüchte verbreitet?**
   ❑ nie ❑ manchmal ❑ oft
8. **Haben in diesem Schuljahr andere Schüler/innen deine Sachen weggenommen und sie versteckt?**
   ❑ nie ❑ manchmal ❑ oft
9. **Bist du in diesem Schuljahr von Mitschüler/innen sexuell belästigt worden?**
   ❑ nie ❑ manchmal ❑ oft
10. **Hast du in diesem Schuljahr von Mitschüler/innen mündliche oder schriftliche Drohungen erhalten?**
    ❑ nie ❑ manchmal ❑ oft
11. **Bist du in diesem Schuljahr von Mitschüler/innen körperlich angegriffen worden?**
    ❑ nie ❑ manchmal ❑ oft
12. **Hast du das Gefühl, dass deine schulischen Leistungen unter den beschriebenen Belästigungen oder Angriffen leiden?**
    ❑ nie ❑ manchmal ❑ oft
13. **Würdest du einzelne Namen von Täter/innen, die dir die beschriebenen Dinge angetan haben, nennen?**
    ❑ nein ❑ vielleicht ❑ ja
14. **Wird dir in Notsituationen von Lehrer/innen geholfen?**
    ❑ nein ❑ vielleicht ❑ ja
15. **Wird dir in Notsituationen von Mitschüler/innen geholfen?**
    ❑ nein ❑ vielleicht ❑ ja
16. **Wie hast du dich bisher gegen Angriffe gewehrt?**
    ❑ Ich schlage den Angreifer.
    ❑ Ich drohe dem Angreifer Prügel an.
    ❑ Ich beleidige den Angreifer.
    ❑ Ich sage: »Lass mich in Ruhe!«
    ❑ Ich hole eine Freundin/einen Freund zu Hilfe.
    ❑ Ich erzähle es einer Lehrerin/einem Lehrer.
    ❑ Ich weiß nicht, was ich tun soll.
17. **Was ich noch zu diesem Thema sagen möchte → bitte Rückseite des Blattes verwenden!**

KV 9

Gruppe C: Anti-Mobbing-Vereinbarung

verantwortlich:

Aufgaben:

1. Formulieren Sie bitte auf der Basis der vorliegenden Beispiele einen **Entwurf** für eine Anti-Mobbing-Vereinbarung!
2. In welchen **Jahrgangsstufen** soll mit der Installation der Anti-Mobbing-Vereinbarung begonnen werden? Bitte begründen Sie Ihre Auswahl, um mögliche Diskussionen zu verkürzen!
3. Ab welchem **Schuljahr** soll die Anti-Mobbing-Vereinbarung installiert werden? Beachten Sie bitte die Termine für Lehrer- und Schulkonferenzen!

Ergebnisse:

Zu 1. ……………………………………

……………………………………

Zu 2. ……………………………………

……………………………………

Zu 3. ……………………………………

……………………………………

Teilnehmer/innen:

1. ……………
2. ……………
3. ……………
4. ……………
5. ……………
6. ……………
7. ……………
8. ……………
9. ……………
10. ……………

KV 10

Gruppe C: Erläuterungen zu den Aufgaben

Aufgabe 1
Die Vorlagen stimmen im Grundsatz überein, haben jedoch einen unterschiedlichen **Komplexitätsgrad**. Beachten Sie bei Änderungen in den Formulierungen, dass alle Jahrgangsstufen ihn verstehen können. Zu komplizierte Formulierungen sollten vermieden werden. Begrenzen Sie zudem die Anzahl der Regeln auf eine überschaubare Zahl. Vermeiden Sie schließlich möglichst negativ formulierte Regeln, ändern Sie sie gegebenenfalls in positive um. Der Entwurf der Vereinbarung sollte in seiner **abstimmungsfähigen Fassung** so formuliert sein, dass er die Entscheidungsgremien möglichst reibungslos durchläuft. Bei einer bereits bestehenden Schulordnung mit präventiven Elementen ist es ratsam, die Anti-Mobbing-Vereinbarung in diese mit aufzunehmen. Treffen Sie Ihre Entscheidung gemeinsam.

Aufgabe 2
Auch wenn es im Sinne des einheitlichen Vorgehens nicht zu empfehlen ist, können organisatorisch ungünstige Voraussetzungen wie sehr hohe Schülerzahlen es erforderlich machen, die Vereinbarung nur **in einem Teil** der Jahrgangsstufen einzuführen. Beginnen Sie dann mit den unteren Klassen und lassen Sie die Vereinbarung nach oben »durchwachsen«.

Aufgabe 3
Prüfen Sie anhand der Jahresübersicht, bis wann spätestens die fertig formulierte Vereinbarung vorliegen muss, damit sie in allen **Gremien** abgestimmt werden kann. Legen Sie dann gemeinsam einen Termin fest, zu dem spätestens die Vereinbarung für die Schule verbindlich werden soll.

KV 11

Gruppe C: Anti-Mobbing-Vereinbarungen I

Kurze Variante[1]

Wir wollen eine Schule der guten Zusammenarbeit und des Vertrauens und damit auch eine Schule ohne Mobbing und Gewalt.

1. Wir beteiligen uns nicht an der Entstehung und Verbreitung von Gerüchten. Unser Grundsatz: Wir reden mit den Menschen, nicht über sie.
2. Wir erklären, dass wir niemanden schikanieren. Niemand soll andere bewusst Situationen aussetzen, denen sie menschlich nicht gewachsen sind.
3. Wir geben uns stets Mühe, mit jedermann in der Schule höflich und offen zusammenzuarbeiten und dabei Problemen nicht aus dem Weg zu gehen.
4. Wir leisten jedem Menschen, der uns darum bittet, Beistand gegen Schikanen und stellen uns demonstrativ an seine Seite, auch wenn wir nicht in allem seine Meinung teilen.
5. Wir verpflichten uns, mit anderen gemeinsam gegen Mobbing vorzugehen. Wir zeigen Toleranz und Zivilcourage – wir handeln gemeinsam statt einsam.

Lange Variante[2]

1. Wir achten in Wort und Tat die Würde unserer Mitmenschen.
2. Wir leisten jedem Mitmenschen, der darum bittet, Beistand gegen Schikanen und stellen uns demonstrativ an seine Seite, auch wenn wir nicht in allem seine Meinung teilen.
3. Wir lassen Angefeindete nicht allein!
4. Wir wollen den Anfängen von Psychoterror in unserer Schule wehren, von wem er auch ausgeht.
5. Wir wollen uns in Toleranz und Zivilcourage üben.
6. Wir begegnen fremden Fehlern ebenso nachsichtig wie den eigenen.
7. Wir wollen uns nicht an der Entstehung und Verbreitung von Gerüchten beteiligen. Unser Grundsatz sei: mit den Menschen, nicht über sie reden!
8. Wir erklären ausdrücklich, dass wir uns an die Gesetze und die sonstigen Bestimmungen zum Schutz von Schwachen halten, und verpflichten uns, auf deren Einhaltung in unserer Schule zu bestehen.
9. Wir erklären, dass wir niemanden schikanieren. Niemand soll andere überfordern und bewusst Situationen aussetzen, denen sie nicht gewachsen sind.
10. Wir wollen uns stets Mühe geben, mit jedermann in unserer Schule höflich und offen zusammenzuarbeiten und dabei Problemen nicht aus dem Weg zu gehen.
11. Wir verpflichten uns, mit anderen gemeinsam gegen Mobbing und Psychoterror vorzugehen, wo wir dies beobachten.

Wir handeln gemeinsam statt einsam.

---

1 Gemeinschaftshauptschule Christ-König-Schule, Drensteinfurt
2 Kasper 2004 (auch in Kasper 2008, S. 27)

KV 12

Gruppe C: Anti-Mobbing-Vereinbarung II

Einfache Variante

Wir halten zusammen

Wir helfen uns gerne

Wir sind gegen Gewalt

Wir streiten fair

Illustrationen: Jasmin Jannan

KV 13

Gruppe D: Maßnahmenkatalog

verantwortlich:

Aufgaben:

1. Welche **Maßnahmen** sollte ein hierarchisch geordneter Folgenkatalog enthalten?
2. Formulieren Sie konkrete **Beispiele** und ordnen Sie diese in einer aufsteigenden **Hierarchie**!
3. Wie könnte Schule auch sozial angemessenes Verhalten **verstärken** (positive »Folgen«)? Formulieren Sie konkrete Beispiele!

Ergebnisse:

Zu 1. ....

....

Zu 2. ....

....

Zu 3. ....

....

Teilnehmer/innen:

1. ....
2. ....
3. ....
4. ....
5. ....
6. ....
7. ....
8. ....
9. ....
10. ....

KV 14

Gruppe D: Erläuterungen zu den Aufgaben

Aufgabe 1
Ein wichtiger Hinweis zu Beginn: Mit »Maßnahmen« ist nicht die Intervention bei einem konkreten Mobbing-Fall gemeint! Mit dieser Art der Reaktion beschäftigt sich eine andere Gruppe während der Fortbildung. In Gruppe D geht es um möglichst konkrete Maßnahmen für folgende Situationen:

- gescheiterte Mobbing-Intervention (der Mobber hält sich nicht an die Vereinbarungen)
- Ausübung schwerer körperlicher Gewalt
- Erpressung/»Abzocke«
- sexuelle Belästigung
- Diebstahl
- Sachbeschädigung
- schwere Regelverstöße

Ergänzen Sie gegebenenfalls diese Auflistung um Situationen, die Sie ebenfalls als problematisch beurteilen. Stimmen Sie bitte vorher ab: Die Ergänzungen müssen **einstimmig** von allen Gruppenmitgliedern unterstützt werden. Tragen Sie die Ergebnisse auch in die Übersichtstabelle ein.

Aufgabe 2
Bitte einigen Sie sich unter Berücksichtigung der in Aufgabe 1 gelisteten Beispiele für jedes der Anwendungsgebiete auf mindestens eine **konkrete Maßnahme**. Auch hier gilt: Diskutieren Sie Ihre Vorstellungen gründlich und finden Sie einstimmig getragene Vorschläge.

Eine hierarchische Anordnung ist erfahrungsgemäß nicht immer einfach. Probieren Sie es trotzdem, Sie werden bei konkreten Vorfällen später davon profitieren.

Aufgabe 3
»Maßnahmen« können sowohl Konsequenzen für unerwünschtes, aber eben auch **Verstärker** für angemessenes Verhalten sein. Positive Verstärker haben erwiesenermaßen sogar eine höhere Wirkung. Finden Sie nach dem beschriebenen Verfahren (Diskussion, Abstimmung, Einigung) Möglichkeiten, wie Sie einzelne Schüler/innen oder auch Klassen für ihr Verhalten belohnen können. Dabei steht es Ihnen frei, neben dem Sozialverhalten auch das Verhalten im Unterricht mit einzubeziehen.

KV 15

Gruppe D: Material »Maßnahmenkatalog«

Schulgesetz
Bitte prüfen Sie das Schulgesetz bzw. entsprechende gesetzliche Vorgaben Ihres Bundeslands auf Beispiele für Maßnahmen und deren Anwendbarkeit in konkreten Problemsituationen. Suchen Sie aus Ihrer Sicht geeignete Maßnahmen aus und notieren Sie sie in der Übersicht (KV 16).

Maßnahmenbeispiele

Hier einige Beispiele für Maßnahmen:

- Mündliche **Mitteilung** an den Schüler durch die Schulleitung und Klassenleitung, dass man aus schulischer Sicht die Intervention für gescheitert ansieht und nun die nächsten Schritte eingeleitet werden.
- Einladung an die **Eltern** zu einem **Gespräch**, in dem ebenfalls darüber informiert wird, dass die Intervention gescheitert ist. Bei dem Gespräch anwesend sind Schulleitung, beratende Lehrkraft, Klassenleitung und betroffener Schüler.
- Alle Beteiligten vereinbaren **Absprachen** darüber, wie die folgenden Schritte gemeinsam geplant werden können (mit Blick auf eine positive Einbindung des Schülers in die Klasse/Schule). Das Signal muss klar sein: »Wir wollen dich nicht verlieren, wir akzeptieren jedoch dein Verhalten nicht!«
- Angebot mehrerer **Möglichkeiten** durch die Schule (z. B. darf der Schüler während der **Pausen** nicht mehr auf den Pausenhof, sondern muss sich z. B. im Sekretariat melden und dort bis zum Pausenende verbleiben).
- Alternativ macht der Schüler **Vorschläge**. Die Erwachsenen schweigen, während der Schüler die Möglichkeit hat, sich die Maßnahmen zu überlegen.
- Einladung eines **Polizeibeamten** für ein Sechsaugengespräch mit der Schulleitung.

Beispiele für positive Verstärker

- Belobigung oder Ehrung in offiziellem Rahmen (z. B. am letzten Tag vor den Sommerferien), auch in Verbindung z. B. mit einem Artikel auf der Homepage oder mit der Anwesenheit wichtiger Personen (z. B. aus der Schulverwaltung oder bekannten Sportvereinen)
- Gutschein für Hausaufgabenbefreiung entweder in einem bestimmten Fach oder für einen kompletten Tag (nicht gültig z. B. bei Tests, Klassenarbeiten oder Referaten)
- Gewährung eines zusätzlichen Projekttags zum üblichen Wandertag
- für Einzelpersonen auch Sachpreise (z. B. Spenden örtlicher Unternehmen)

KV 16

Gruppe D: Übersicht »Maßnahmen«

Konsequenzen

Situation	Maßnahme
gescheiterte Mobbing-Intervention	
Ausübung schwerer körperlicher Gewalt	
Erpressung/»Abzocke«	
sexuelle Belästigung	
Diebstahl	
Sachbeschädigung	
schwere Regelverstöße	

Positive Verstärker

....

....

....

....

....

....

....

KV 17

Gruppe E: Gestaltung des Schulgebäudes

verantwortlich:

Aufgaben:

1. Wie können Gebäude und Anlagen auf der Basis einer **Befragung** aller Beteiligten attraktiver gestaltet werden?
2. Welche **Eltern** oder Institutionen können mit Know-how oder konkret (kostenlose) Hilfe leisten?
3. Wie können **Schüler/innen** für solch eine Aktion gewonnen werden?

Ergebnisse:

Zu 1. ....

....

Zu 2. ....

....

Zu 3. ....

....

Teilnehmer/innen:

1. ....
2. ....
3. ....
4. ....
5. ....
6. ....
7. ....
8. ....
9. ....
10. ....

KV 18

Gruppe E: Erläuterungen zu den Aufgaben

Aufgabe 1
Ein **Muster** für die Befragung der Schüler/innen finden Sie auf KV 20. Prüfen Sie es und ändern Sie es gegebenenfalls für die Schule passend ab. Klären sie folgende Fragen:

- Wer soll die Befragung durchführen?
- Wer soll die Befragung auswerten?
- Sollen auch die Eltern befragt werden? Wenn ja: Bitte erstellen Sie einen entsprechenden Fragebogen.

Es besteht die Möglichkeit, eine Schüler- und/oder Elternbefragung auch **online** durchzuführen. Hierzu kann beispielsweise das kostenlose Programm GrafStat verwendet werden. Auch Gruppe B (Fragebogenaktion) kann mit diesem Programm arbeiten. Stimmen Sie sich innerhalb der Gruppe und mit Gruppe B ab, ob eine Online-Befragung sinnvoll ist. Danach ist zu klären, wer diese Befragung verantwortlich durchführt (z. B. Verbindungs- bzw. Vertrauenslehrkraft und Schüler/innen, eventuell in Zusammenarbeit mit einer Informatik-Lehrkraft).

Aufgabe 2
Nicht selten gehen Eltern in ihren Berufen Tätigkeiten im Baugewerbe nach (z. B. Baustoffgroßhandlung, Handwerk, Architekt). Auch wenn nicht jeder Elternteil die Zeit oder das Engagement aufbringt, die Schule aktiv zu unterstützen, so lohnt sich eine gezielte Nachfrage zu konkreten Leistungen im Zusammenhang mit der Neugestaltung der Schulumgebung. Erstellen Sie eine Liste mit möglichen **Ansprechpartnern** und klären Sie, wer mit welchen dieser Personen Kontakt aufnehmen soll.

Aufgabe 3
Tauschen Sie sich darüber aus, welche Möglichkeiten Sie für die **Würdigung** von Schülerengagement im Zusammenhang mit der Umgestaltung des Schulgeländes sehen. Notieren Sie Ihre Ideen möglichst konkret. Beachten Sie dabei, dass Ihre Vorschläge auch in den schulischen Gremien diskutiert werden müssen.

KV 19

Gruppe E: Unterstützerliste Eltern

Name	Vorname	Adresse	Telefon	Mail	mögliche Leistungen

KV 20

Gruppe E: Vorlage Schülerbefragung

Liebe Schülerinnen und Schüler,

sicherlich habt ihr auch schon einmal beim Betreten unseres Schulgebäudes daran gedacht, dass man das ein oder andere verändern müsste. Da ihr diese Dinge manchmal anders seht als Lehrkräfte oder Eltern, möchten wir euch bitten, uns eure Vorstellungen mitzuteilen. Schreibt auf, was aus eurer Sicht dringend verändert werden müsste, innerhalb des Gebäudes und in seiner Umgebung. Bitte achtet darauf, dass eure Wünsche auch umsetzbar sind.

Vielen Dank für eure Mitarbeit

____

Ich besuche die Klasse: ❑ 5 ❑ 6 ❑ 7 ❑ 8 ❑ 9 ❑ 10 ❑ 11 ❑ 12 ❑ 13

1. **Unserem Schulgebäude gebe ich die folgende Note:**

   ❑ 1 ❑ 2 ❑ 3 ❑ 4 ❑ 5 ❑ 6

2. **Für die Fachräume (z. B. Chemie, Kunst, Technik) habe ich folgende Vorschläge:**

   ....

   ....

3. **Für meinen Klassenraum habe ich folgende Vorschläge:**

   ....

   ....

4. **Für andere Räume in der Schule (z. B. Flure, Toiletten, Aufenthaltsbereiche) habe ich folgende Vorschläge:**

   ....

   ....

5. **Für das Gelände um die Schule herum habe ich folgende Vorschläge:**

   ....

   ....

Bitte ausgefüllt bis zum ____________ bei ______________________________ oder Mitgliedern des Schülerrats abgeben.

KV 21

Gruppe F: Arbeitskreis/Steuergruppe

verantwortlich: ……

Aufgaben:

1. Welche **Personen** sollen Mitglieder des Arbeitskreises bzw. der Steuergruppe sein?
2. Erstellen Sie als Bestandsanalyse eine **Übersicht** zu allen Maßnahmen im präventiven Bereich an Ihrer Schule.
3. Welche **Aufgaben** soll der Arbeitskreis in Zukunft konkret erledigen?

Ergebnisse:

Zu 1. ……

……

Zu 2. ……

……

Zu 3. ……

……

Teilnehmer/innen:

1. ……
2. ……
3. ……
4. ……
5. ……
6. ……
7. ……
8. ……
9. ……
10. ……

KV 22

Gruppe F: Erläuterungen zu den Aufgaben

Aufgabe 1
Der Arbeitskreis wird in Zukunft alle **Verantwortlichen** der anderen Kleingruppen umfassen, ein Mitglied der Schulleitung sowie einen Elternvertreter und (wo vorhanden) Fachkräfte z. B. aus der Ganztagsbetreuung. Er dient nicht nur zur Darstellung der jeweiligen Arbeitsstände, sondern kann gegebenenfalls um weitere Personen (z. B. zu bestimmten Themen oder Aufgaben) ergänzt werden. Überlegen Sie, welche Fachbereiche Sie eventuell noch benötigen, und notieren Sie die Funktionen und Namen der Betreffenden für eine spätere Kontaktaufnahme.

Aufgabe 2
Kopieren Sie die Vorlage KV 23 auf DIN A3 hoch, damit Sie genügend Platz für Ihre Notizen haben!
Die Bestandserhebung soll alle Aktivitäten im Bereich »Prävention« umfassen. Dies betrifft neben dem Themenbereich »Gewalt« auch die Aspekte Gesundheit, Drogen, Medien usw. Als Aktivität sind nicht nur Projekte gemeint, sondern auch Schwerpunktreihen im Fachunterricht (z. B. Drogenprävention in Biologie oder Religion). Tragen Sie alle Ihnen bekannten Aktivitäten in die Übersichtsliste ein. **Klären Sie**, wer für die jeweilige Maßnahme verantwortlich ist, wann und von wem die Aktivität durchgeführt wird und welche Kosten gegebenenfalls entstehen. Sollten in den Klassen einer Jahrgangsstufe unterschiedliche Angebote parallel stattfinden, so verwenden Sie mehrere Übersichtsbögen und ergänzen jeweils »Jahrgangsstufe 5a«, »Jahrgangsstufe 5b« usw. Verfahren Sie nach ähnlichem Schema, wenn innerhalb einer Jahrgangsstufe z. B. sehr viele verschiedene Präventionsinhalte im Unterricht bearbeitet werden.

Aufgabe 3
Kernaufgabe des Arbeitskreises ist nach der Fortbildung der **Austausch** über die Arbeitsstände in den verschiedenen Kleingruppen. Nur so ist eine nachhaltige Verankerung des Themas gewährleistet. Darüber hinaus sollte er auch weitere Maßnahmen für den Bereich der Prävention auf den Weg bringen. Hierzu einige Beispiele:

- Organisation von **Elternabenden** zum Thema, z. B. mit Referenten zu bestimmten Teilbereichen des Themas (Mediengewalt, sexuelle Gewalt etc.)
- Prüfung von **Präventionsprogrammen** auf ihre Eignung für die Schule
- **Verankerung** aller Beschlüsse im Schulprogramm
- Erhöhung der **Pausenaufsicht**, z. B. gezielt bei bestehenden Mobbing-Problemen in einer Klasse
- Einführung regelmäßiger **Klassenleitungsstunden** in den unteren Klassen
- Festlegung der **Termine**, an denen sich der Arbeitskreis trifft

Stellen Sie erste Überlegungen an, welche Aufgaben Sie zukünftig für sich sehen, und notieren Sie die Ergebnisse.

KV 23

Gruppe F: Übersicht »Präventive Maßnahmen«

	Jahrgangsstufe 5	Jahrgangsstufe 6	Jahrgangsstufe 7	Jahrgangsstufe 8	Jahrgangsstufe 9	Jahrgangsstufe 10
Präventionsinhalte im Unterricht des Fachs …						
Präventionsinhalte im Unterricht des Fachs …						
Beschreibung von Maßnahme 1 (Inhalte, wann, wer ist verantwortlich, wer führt sie durch, entstehen Kosten?)						
Beschreibung von Maßnahme 2 (Inhalte, wann, wer ist verantwortlich, wer führt sie durch, entstehen Kosten?)						

KV 24

Gruppe F: Material

Bestandsaufnahme

- Überlegen Sie auf Grundlage Ihrer neuen Kenntnisse über die Grundlagen gelingender Prävention und unter Bezug auf die unten angeführten Beispiele, welche altersgerechten Maßnahmen die **Lücken** füllen könnten. Achten Sie bei Ihren Überlegungen auf die erforderlichen personellen Ressourcen.
- Prüfen Sie, wo es zu **Parallelitäten** mit anderen präventiven Aktivitäten kommt (z. B. Suchtprävention, Arbeit des Kriseninterventionsteams, Arbeit der Streitschlichtung), und überlegen Sie, wie Sie die Verantwortlichkeiten und Arbeitsbereiche klar voneinander trennen können.
- Prüfen Sie, wo Themenschwerpunkte ungünstigerweise **doppelt** vorkommen (z. B. in einem Jahrgang »Drogenprävention« nacheinander oder sogar gleichzeitig in drei Unterrichtsfächern).

Beispiele für präventive Maßnahmen

Die folgende Auflistung enthält einige **Beispiele**, wie Sie Lücken in Ihrem Schulprogramm füllen können. Prüfen Sie später gegebenenfalls, welcher Anbieter für Ihre Schule besonders geeignet ist:

- ausführliche **Informationen** zum Thema »sicherer Umgang mit neuen Medien« in Klasse 5 und/oder Klasse 8 (mögliche Anbieter: Polizei, www.klicksafe.de, www.handysektor.de etc.)
- **Klassenfahrten** mit Inhalten zum sozialen Training (Welche möglichen Ziele sind Ihnen bekannt? Welcher freie Jugendhilfeträger könnte Kooperationspartner sein?)
- geschlechterdifferenziertes **Selbstbehauptungstraining** in Jahrgangsstufe 7, 8 oder 9 (mögliche Anbieter in NRW: www.lagjungenarbeit.de, www.maedchen arbeit.de)
- **sozialer Tag** (eintägiges »Praktikum« in einer sozialen Einrichtung)

Gruppe A erstellt eine Übersicht von externen Akteuren, die einige der genannten Aktivitäten im Bereich der Gewaltprävention anbieten. Beachten Sie dies für die zukünftigen Sitzungen des Arbeitskreises.

KV 25

Gruppe G: Schulspezifische Schwerpunkte

verantwortlich:

Aufgaben:

1. ....

2. ....

3. ....

Ergebnisse:

Zu 1. ....

....

Zu 2. ....

....

Zu 3. ....

....

Teilnehmer/innen:

1. ....
2. ....
3. ....
4. ....
5. ....
6. ....
7. ....
8. ....
9. ....
10. ....

KV 26

(Bitte nutzen Sie diese Vorlage für einen an Ihrer Schule gewünschten Themenschwerpunkt.)

Gruppe G: Erläuterungen zu den Aufgaben

Aufgabe 1: ....

....

....

Aufgabe 2: ....

....

....

Aufgabe 3: ....

....

....

Gruppe G: Material

KV 27

Protokollbogen aller Kleingruppen

Die Verantwortlichen aller Kleingruppen fassen die Gruppenergebnisse als Word-Dokument zusammen. Diese Zusammenfassungen können in folgende Vorlage (gegebenenfalls gekürzt) eingefügt werden.

Gruppe	Ergebnisse	Ergebnis als Zielvereinbarung?		Wenn ja: bis wann?
A	Zu 1:	❑ nein	❑ ja	....
	Zu 2:	❑ nein	❑ ja	....
	Zu 3:	❑ nein	❑ ja	....
B	Zu 1:	❑ nein	❑ ja	....
	Zu 2:	❑ nein	❑ ja	....
	Zu 3:	❑ nein	❑ ja	....
	Zu 4:	❑ nein	❑ ja	....
C	Zu 1:	❑ nein	❑ ja	....
	Zu 2:	❑ nein	❑ ja	....
	Zu 3:	❑ nein	❑ ja	....
D	Zu 1:	❑ nein	❑ ja	....
	Zu 2:	❑ nein	❑ ja	....
	Zu 3:	❑ nein	❑ ja	....
E	Zu 1:	❑ nein	❑ ja	....
	Zu 2:	❑ nein	❑ ja	....
	Zu 3:	❑ nein	❑ ja	....
F	Zu 1:	❑ nein	❑ ja	....
	Zu 2:	❑ nein	❑ ja	....
	Zu 3:	❑ nein	❑ ja	....

KV 28

Zielvereinbarungen und Zeitraster

Bitte auf gut sichtbare Größe hochkopieren und als einzelne Blätter ausschneiden. Die Monatsangaben an Stellwänden nebeneinander aushängen, sodass die Zielvereinbarungen darunter festgehalten werden können.

Welche **Ziele** wollen wir innerhalb welchen **Zeitraums** erreichen?

3 Monate

6 Monate

9 Monate

12 Monate

Weiterführende Links

www.kummr.de

Nach kostenloser Registrierung ermöglicht diese Seite eine anonyme Kontaktaufnahme von Schüler/innen mit Beratungslehrkräften oder -fachkräften. Sehr einfach formulierte und damit schülerfreundliche Anleitung. Ideale Alternative zum klassischen Kummerkasten.

www.grafstat.de
Das Umfrage- und Auswertungsprogramm steht nach Registrierung kostenfrei zum Download zur Verfügung. Es bietet vielfältige Möglichkeiten, Befragungen zu erstellen und auszuwerten. Wegen des fehlenden Supports nur für Personen mit Erfahrung in diesem Bereich zu empfehlen.

www.winsurvey.de
Für Schulen noch bezahlbares Umfrage- und Auswertungsprogramm. Was die Gestaltung betrifft, hat es einen nur beschränkten Umfang; von der Nutzung her ist es jedoch sehr unkompliziert und auch für unerfahrene Personen gut geeignet.

www.equestionnaire.de
Kostengünstiges Umfrage- und Auswertungsprogramm.

www.schule-bw.de/schularten/hauptschule/werteerz-gewalt/gewaltpraev/
Linksammlung und Projektübersicht zum Thema Gewaltprävention auf dem Landesserver. Beeindruckend ist die große Vielfalt von regionalen und überregionalen Projektbeispielen.

www.berlin.de/sen/bildung/hilfe_und_praevention/gewaltpraevention/
Die Seite der Bundeshauptstadt legt den Schwerpunkt eher auf Krisen, bietet jedoch eine Vielzahl von Angeboten zum Thema Gewaltprävention. Positiv ist auch die Vernetzung mit anderen Anbietern im Stadtgebiet (Schulpsychologie, Unfallkassen).

www.bullying-in-school.info/de/content/home.html
Das Visionary-Portal ist ein europäisches Kooperationsprojekt zum Thema Gewalt, Mobbing und Bullying in der Schule. Es bietet neben Informationen, Linksammlungen, Best Practices etc. auch die Möglichkeit, sich mit Gleichgesinnten im deutsch-

sprachigen Raum und auch international auszutauschen. Besonders interessant ist der News-Bereich, der auch aktuelle wissenschaftliche Studienergebnisse enthält.

www.gew.de/Binaries/Binary29277/Gewalt_Bro.pdf
Eine knappe und sehr anschauliche Schrift der GEW mit dem Schwerpunkt auf rechtsextremer und fremdenfeindlicher Gewalt.

Literatur

Arbeitsgemeinschaft für Kinder- und Jugendhilfe (AGJ) (Hrsg.) (2006): Handlungsempfehlungen zur Kooperation von Jugendhilfe und Schule. Berlin.

Arbeitsgemeinschaft für Kinder- und Jugendhilfe (AGJ) (Hrsg.) ([12]2009): Sozialgesetzbuch VIII auf dem Stand des Kinderförderungsgesetzes – Gesamttext und Begründungen. Berlin.

Bannenberg, B./Rössner, D. (2006): Erfolgreich gegen Gewalt in Kindergärten und Schulen. München: Beck.

Bauer, J. ([3]2007): Lob der Schule. Hamburg: Hoffmann und Campe.

Berufsverband Deutscher Psychologinnen und Psychologen e.V. (Hrsg.) (2008): Berufsprofil Schulpsychologie in Deutschland. Berlin.

Blum, H./Beck, D. ([2]2010): No Blame Approach. Mobbing-Intervention in der Schule. fairaend (Eigenverlag).

Bundesministerium für Familie, Senioren, Frauen und Jugend (2008): 12. Kinder- und Jugendbericht. Bericht über die Lebenssituation junger Menschen und die Leistungen der Kinder- und Jugendhilfe. Berlin.

Didam, S./Mende, M. (2007): SchoKo. Schüler orientiertes Konfliktmanagement. Ein kriminalpräventives Konzept für Schulen im Hochsauerlandkreis. Meschede: Kreispolizeibehörde Hochsauerlandkreis. Online unter www.polizei-nrw.de/hochsauerlandkreis/stepone/data/downloads/9b/01/00/schoko-konzept.pdf (Abruf am 12.7.2011).

Faller, K./Kneip, W. (2007): Das Buddy-Prinzip. Soziales Lernen mit System, Düsseldorf: buddY E.V.

Feltes, T. (2003): Gewalt in der Schule. Ursachen, Risikofaktoren und Interventionsmöglichkeiten. In: Landeszentrale für politische Bildung Baden-Württemberg (Hrsg.): Sicherheit und Kriminalität. Der Bürger im Staat, Jg. 53, H. 1, S. 32-38.

Fthenakis, W.E. (Hrsg.) (2004): Resilienz. Widerstandsfähigkeit von Kindern in Kindertageseinrichtungen fördern. Berlin: Cornelsen.

Grüner, T./Hilt, F. ([9]2009): »Bei STOPP ist Schluss!« Werte und Regeln vermitteln. Buxtehude: AOL-Verlag.

Gugel, G. (2007): Handbuch Gewaltprävention in der Grundschule. Grundlagen – Lernfelder – Handlungsmöglichkeiten. Tübingen: Institut für Friedenspädagogik e.V. Online unter www.schulische-gewaltpraevention.de/gewaltpraevention%20grundschule/index.html (Abruf am 18.8.2011).

Hampel, P./Dickow, B./Hayer, T./Petermann, F. (2009): Stressverarbeitung, psychische Auffälligkeiten und Bullying bei Jungen. In: Praxis der Kinderpsychologie und Kinderpsychiatrie 58, S. 125–138.

Haubl, R. (2007): Schule als pathogener Ort. In: Gruppenpsychotherapie und Gruppendynamik, H 43/4, S. 259–276.

Heinzelmann-Arnold, I. (2011): Freiburger Anti-Mobbing-Konzept (AMK). In: Huber, A.: Anti-Mobbing-Strategien für die Schule. Praxisratgeber zur erfolgreichen und nachhaltigen Intervention, S. 127–140.

Hellbusch, B. (o.J).: Projekt »Sei Stark und nicht gemein«. www.lagjungenarbeit.de/projekte_mobbing.php (Abruf am 12.7.2011).

Huber, A. (Hrsg.) (2011): Anti-Mobbing-Strategien für die Schule. Köln: Link.

Jannan, M. ([3]2010a): Das Anti-Mobbing-Buch. Gewalt an der Schule – vorbeugen, erkennen, handeln. Weinheim/Basel: Beltz.

Jannan, M. ([2]2010b): Das Anti-Mobbing-Elternheft. Schüler als Mobbing-Opfer - was Ihrem Kind wirklich hilft. Weinheim/Basel: Beltz.

Karstedt, S. (2000): Zwischen Spaß und Schock. dp-special No. 11, Heft 6/2000. Online unter www.gdp.de/id/E2F2222A608688EDC1256FCD00491049/$file/dpsp11.pdf?open (Abruf am 18.8.2011).

Kasper, H. (2004): Streber, Petzer, Sündenböcke. Buxtehude: AOL-Verlag.

Kasper, H. ([5]2008): Schülermobbing – tun wir etwas dagegen!, Buxtehude: AOL-Verlag.

Kindler, W. (2009): Schnelles Eingreifen bei Mobbing. Mülheim: Verlag an der Ruhr.

Langmann, P. (2009): Amok im Kopf. Warum Schüler töten. Weinheim/Basel: Beltz.

Marées, N. von/Petermann, F. (2008): Erhebung von Bullying im Kindergarten- und Grundschulalter. Ein Review. In: Psychologie in Erziehung und Unterricht 55, S. 161–174.

Melzer, W., Schubarth, W. (2008): (Gewalt-)Prävention. In: Coelen, T./Otto, H.-W. (Hrsg.): Grundbegriffe Ganztagsbildung. Das Handbuch. Wiesbaden: VS Verlag für Sozialwissenschaften, S. 241–253.

Michaelsen-Gärtner, B./Franze, M./Paulus, P. (2007): Mobbing? Nicht an unserer Schule! Prävention und Handlungsstrategien. Lüneburg: MindMatters-Materialien (kostenlos).

Michaelsen-Gärtner, B./Witterlede, H. (2009): Prävention von Bullying im Kontext von psychischer Gesundheitsförderung und Qualitätsentwicklung in der Schule: Das Programm »MindMatters«. In: Praxis der Kinderpsychologie und Kinderpsychiatrie 58, S. 139–154.

Nieslony, F. (2002): Jugendhilfe und Schule. Zur Notwendigkeit einer neuen Beziehungskultur auf der Grundlage veränderter Lebenslagen von Kindern und Jugendlichen. In: Universität Siegen: Siegen:Sozial (SI:SO), 7. Jg., H. 2, S. 8–13.

Olweus, D. ([3]2002): Gewalt in der Schule. Bern: Hans Huber.

Opp, G./Fingerle, M. ([3]2008): Was Kinder stärkt. Erziehung zwischen Risiko und Resilienz. Bad Heilbrunn: Reinhardt.

Petermann, F. ([2]2006): Verhaltenstraining für Schulanfänger. Ein Programm zur Förderung sozialer und emotionaler Kompetenzen. Göttingen: Hogrefe.

Petermann, F. (2006): Verhaltenstraining im Kindergarten. Ein Programm zur Förderung sozial-emotionaler Kompetenz. Göttingen: Hogrefe.

Petermann, F. (2006): Verhaltenstraining in der Grundschule. Ein Präventionsprogramm zur Förderung emotionaler und sozialer Kompetenzen. Göttingen: Hogrefe.

Pieschl, S./Porsch, T. (2012): Schluss mit Cybermobbing! Das Trainings- und Präventionsprogramm »Surf-Fair«. Weinheim/Basel: Beltz.

Riekmann, W./Bracker, R. (2008): Jugendvereins- und -verbandsarbeit. In: Coelen, T./Otto, H.-W. (Hrsg.): Grundbegriffe Ganztagsbildung. Das Handbuch. VS Verlag für Sozialwissenschaften, S. 457–467.

Robertz, F. J./Wickenhäuser, R. P. ([2]2010): Der Riss in der Tafel. Amoklauf und schwere Gewalt in der Schule, Berlin/Heidelberg: Springer.

Schäfer, M. ([2]2010): Du Opfer! Wenn Kinder Kinder fertigmachen. Reinbek bei Hamburg: Rowohlt.

Schäfer, M./Kulis, M. (2000): Bullying/Mobbing unter Schülern: Jeder kennt's und keiner weiß Bescheid. In: Kinder- und Jugendarzt 31, S. 1–3.

Scheithauer, H./Dele Bull, H. (2008): fairplayer.manual. Förderung von sozialen Kompetenzen und Zivilcourage – Prävention von Bullying und Schulgewalt. Göttingen: Vandenhoeck & Ruprecht.

Schick, A. (2010): Effektive Gewaltprävention. Evaluierte und praxiserprobte Konzepte für Schulen, Göttingen: Vandenhoeck & Ruprecht.

Schick, A. (2011): Werte bilden. Werteerziehung in der Grundschule mit »Klarigo«. Weinheim/Basel: Beltz.

Shell Deutschland Holding (Hrsg.) (2010): Jugend 2010. 16. Shell Jugendstudie. Frankfurt: Fischer.

Spies, C. (2011): »Wir können auch anders!« Gefährlichen Entwicklungen bei Schülern entgegenwirken. Weinheim/Basel: Beltz.

Tillmann, K.-J./Holler-Nowitzki, B./Holtappels, H.-G. (^{2}2000): Schülergewalt als Schulproblem. Weinheim/Basel: Beltz.

Trenz, C. (2004): Qualitätsmerkmale von Gewaltprävention. Erkenntnisse aus der Evaluationsforschung. In: AJS Forum. Vierteljährlicher Info-Dienst der Arbeitsgemeinschaft Kinder- und Jugendschutz, Landesstelle Nordrhein-Westfalen e. V., H. 1, S. 4–6.